Hildebrandt · Zwischen Suppenküche und Salon

Irma Hildebrandt

Zwischen Suppenküche und Salon

Achtzehn Berlinerinnen

Eugen Diederichs Verlag

Mit 18 Abbildungen

Schutzumschlag:
»Die Straße« von Ernst Ludwig Kirchner,
Copyright by Dr. Wolfgang und Ingeborg Henze, Campione d'Italia

Bildnachweis:
Berlin Museum, Berlin: S. 54
Bildarchiv Gerstenberg, Wietze: S. 41
Bildarchiv Preußischer Kulturbesitz, Berlin: S. 25, S. 47, S. 76, S. 84, S. 121
Landesbildstelle Berlin: S. 107, S. 115
Ullstein Bilderdienst, Berlin: S. 11

Die Deutsche Bibliothek – CIP-Einheitsaufnahme
Hildebrandt, Irma:
Zwischen Suppenküche und Salon: 18 Berlinerinnen
Irma Hildebrandt. – 6. Aufl. – München: Diederichs, 1992
ISBN 3-424-00895-8

6. Auflage 1992
© 1987 Eugen Diederichs Verlag München
Alle Rechte vorbehalten

Umschlaggestaltung: Antje Ketteler
Satz: Fotosatz Harten, Köln
Produktion: Tillmann Roeder, München
Druck und Bindung: Ebner Ulm

ISBN 3-424-00895-8
Printed in Germany

Inhalt

Dem Leser vorweg
7

Eine Berliner Celebrität
Madame du Titre (1748-1827)
11

Salon in der Dachstube
Rahel Varnhagen (1771-1833)
18

Denkmal ohne Goldverzierung
Königin Luise (1776-1810)
25

Ist Komponieren Männersache?
Fanny Mendelssohn (1805-1847)
33

Suppenlinas Volksküchen
Lina Morgenstern (1830-1909)
41

Von der Friedrichstraße zum Parnaß
Hedwig Dohm (1833-1919)
47

Ärztliche Hilfe für 10 Pfennig
Franziska Tiburtius (1843-1927)
54

Die Provokation der Gelben Broschüre
Helene Lange (1848-1930)
61

Der falsche Stallgeruch
Lily Braun (1865-1916)
69

»Ich will wirken in dieser Zeit...«
Käthe Kollwitz (1867-1945)
76

Sozialarbeit wird zum Beruf
Alice Salomon (1872-1948)
84

Politik – mehr als das halbe Leben
Marie Elisabeth Lüders (1878-1966)
91

Acht Jahrzehnte Theater
Tilla Durieux (1880-1971)
99

Weeste noch ...
Claire Waldoff (1884-1957)
107

Bürgermeisterin in Blockadetagen
Louise Schroeder (1887-1957)
115

Mutter Courage im zerstörten Berlin
Helene Weigel (1900-1971)
121

Auf den Spuren Bettines
Ingeborg Drewitz (1923-1986)
128

Der geteilte Himmel
Christa Wolf (1929)
135

Dem Leser vorweg

Hast uns Stulln jeschnitten
  un Kaffe jekocht
 un de Töppe rübajeschohm –
  un jewischt und jenäht
  un jemacht und jedreht ...
  alles mit deine Hände.
Kurt Tucholsky, Mutterns Hände

Ja Freunde, hier unter den Linden
  kannst du dein Herz erbaun,
 hier kannst du beisammen finden
  die allerschönsten Fraun.
Heinrich Heine, Unter den Linden

Berlin in seiner ganzen Spannweite: Promenade Unter den Linden und Zilles Hinterhofmilieu. Berlinerinnen zwischen Suppenküche und Salon. Die achtzehn Porträts zeigen Frauen aus unterschiedlichsten Berufen und Lebensbereichen, bekannte und weniger bekannte, 1748 geboren die erste, 1929 die letzte. Gemeinsam ist ihnen, bei aller Verschiedenheit des Temperaments und der Zeitprägungen, das Zupackende, Lebenszugewandte, die pragmatische Art, mit Problemen umzugehen und sich nicht unterkriegen zu lassen. Schlagfertig und keß die einen, das sprichwörtlich »weiche« Herz in einer spröden Schale verbergend die andern, aber alle flink und beweglich, von Tatendrang und Neugier angetrieben.

Schon Ludwig Börne berichtet 1828 von eifrigen Berlinerinnen, »Frauenzimmern der ersten Stände«, die in Humboldts Vorlesungen über physikalische Geographie sitzen und »ganz verstohlen unter ihren Shawls und Hüten nachschreiben, was sie wegschnappen«. Offiziell zum Studium zugelassen werden sie erst viel später, und auch das haben sie mutigen und zähen Bahnbrecherinnen zu verdanken: Franziska Tiburtius, der ersten Ärztin Berlins, die sich um das Gespött der Kollegen und die Schikanen der Bürokratie nicht kümmerte; Helene Lange, die mit Energie und List eine bessere Mädchenbildung bis hin zum Abitur durchsetzte; Hedwig Dohm, die schon 1873 in ihren kämpferischen Schriften das Frauenstimmrecht forderte, und Lily Braun, die diese Forderung gut zwanzig Jahre später als erste in einer großen öffentlichen Versammlung vertrat.

Immer wieder haben sich Berliner Frauen mit Zivilcourage exponiert und dabei weniger an sich selbst als an die Sache gedacht, für die sie sich einsetzten: Königin Luise in ihrer Begegnung mit Napoleon, die Bürgermeisterin Louise Schroeder in den schweren Blockadetagen, die Juristin Marie Elisabeth Lüders im Parlament (es gibt eine Lex Lüders), Lina Morgenstern und Alice Salomon in der Sozialarbeit.

Die Beispiele können nur stellvertretend stehen für unzählige weitere Impulse, die von Frauen dieser Stadt ausgingen und ausgehen, auch auf künstlerischem und literarischem Gebiet. Hätte sich das kulturelle Leben der Romantik so entfalten können ohne die Salons der Rahel Varnhagen, Henriette Herz und Bettine von Arnim? Wären die berühmten goldenen zwanziger Jahre so bunt und schillernd ausgefallen ohne die Extravaganz einer Else Lasker-Schüler oder die burschikose Keßheit einer Claire Waldoff? Berühmte Regisseure wie Max Reinhardt und Leopold Jessner holten sich junge Talente an ihre Theater, so kamen Tilla Durieux und Helene Weigel nach Berlin, in die Stadt, die sie liebten, die ihnen Entfaltung bot, und die sie nach 1933 verlassen mußten – Emigrantenschicksal, das sie mit vielen rassisch oder politisch Verfolgten teilten.

Die persönlichen Schicksale spiegeln immer auch ein Stück Zeitgeschichte wider – Berlin als Brennpunkt politischen Geschehens. Hier fanden im ausgehenden 17. Jahrhundert die hugenottischen Réfugiés großzügige Aufnahme, nicht nur Madame du Titres Namen weist auf diese Abkunft hin. Hier gab es eine lange

liberal-jüdische Tradition – Fanny Mendelssohn wurde noch von ihr geprägt –, die aus dem geistigen Leben Berlins nicht wegzudenken ist. Um so tragischer die Verfolgung durch die Nationalsozialisten, die auch Alice Salomon traf.
Helene Weigel und Tilla Durieux, beide nicht geborene sondern »gelernte« Berlinerinnen, kehrten nach dem Krieg in »ihre« Stadt zurück, nach Ostberlin die eine, auf die Bühnen des Westens die andere. Die Teilung der Stadt bleibt ein schmerzliches Thema in Ost und West, Christa Wolf und Ingeborg Drewitz, sensible und gesellschaftlich engagierte Schriftstellerinnen, geben dem in ihren Werken Ausdruck.
»Ich will wirken in dieser Zeit, in der die Menschen so ratlos und hilfebedürftig sind«, schrieb Käthe Kollwitz 1922 in ihr Tagebuch. Ein Satz, der zeitlos gültig ist und auch typisch für die andern hier vorgestellten Frauen, die neben dem eigenen künstlerischen oder sozialen Gestaltungswillen ein starkes Engagement für Gemeinschaft und Gesellschaft verbindet. Alle, auch wenn sie ursprünglich aus Gelsenkirchen oder Oldenburg, aus Königsberg oder Hamburg-Altona stammen, fühlen sich als Berlinerinnen, haben in den entscheidenden Jahren ihres Lebens in Berlin gewirkt, sich von dieser anregenden und aufregenden Stadt prägen lassen, und wichtiger noch: haben sie selbst ein Stück mitgeprägt.

I. H.

Eine Berliner Celebrität

Madame du Titre
(1748–1827)

»Ich habe mir vorgenommen, diesmal eine Dame zum Gegenstande meiner Schilderung zu machen, eine Dame, deren Andenken gewiß noch in der Erinnerung vieler Berliner lebt und deren höchst originelle Eigentümlichkeiten, deren echt Shakespearscher Humor und auch ganz vortreffliches Herz Stoff zu hundert und aberhundert Anekdoten gegeben.« – So beginnt im Jahre 1848 Rudolf von Beyer, alias Rupertus, seine Lebensbeschreibung der Madame du Titre, die er eine »Berliner Celebrität« nennt. Im Stile eines Märchens, aber historisch durchaus verbürgt, fährt er fort: »Madame du Titre, die Witwe eines reichen und geachteten französischen Kolonisten, lebte seit einer Kette von Jahren in der Residenz der Könige von Preußen ... obgleich französischer Herkunft, war sie der Grundtypus einer echten Berliner Bürgerin.«
Eine überraschende und zugleich bezeichnende Aussage für Berlin: Von jeher wurden hier Fremde bereitwillig aufgenommen und in kürzester Zeit assimiliert; dies galt auch für die calvinistischen Hugenotten, die 1685, nach der Aufhebung des Ediktes von Nantes, von Ludwig XIV. aus Frankreich vertrieben wurden. Viele der Réfugiés fanden in Brandenburg/Preußen Zuflucht. Der große Kurfürst gewährte ihnen tatkräftige Unterstützung – eine großzügige Geste und gleichzeitig ein Akt praktischer Vernunft, denn die Asylanten, um 1700 immerhin ein Fünftel der Berliner Bevölkerung, brachten nicht nur eine Reihe neuer Gewerbezweige in die preußische Hauptstadt, sondern belebten auch Verwaltung und Armee, Künste und Wissenschaften und nicht zuletzt den Berliner Dialekt, wie die »boulette«, die echt berlinische Bulette, beweist. Obwohl sich die Hugenotten in der sogenannten »Französischen Kolonie« zusammenschlossen, selbstverwaltet und mit eigenen Schulen und Kirchen, schotteten sie sich doch nicht gegen die übrige Bevölkerung ab, mit ihrem Fleiß und Aufbauwillen, ihrer Lebensklugheit und Geschicklichkeit brachten sie es bald zu Ansehen und Reichtum.
In diese Umgebung wuchs Marie Anne George, die spätere

Madame du Titre, hinein, neuntes von zehn Kindern des begüterten Brauers Benjamin George und seiner ebenfalls hugenottischen Frau Sara. Und in diesem Milieu blieb sie, als sie, mit 33 Jahren erst, den reichen Seiden- und Kattunhändler Etienne du Titre heiratete, dem ein Betrieb mit über hundert Webstühlen gehörte. Eine standesgemäße Wohnung in der Beletage eines eigenen Hauses in der Poststraße, Jagdberechtigung im Tiergarten, Beziehungen zum Hof: rundum bürgerlicher Wohlstand im 18. Jahrhundert. Während ein Sohn früh stirbt, heiraten die beiden Töchter wunschgemäß in höhere Kreise. Ein Schwiegersohn, der Bankier und Handelsherr Wilhelm Christian Benecke, wurde sogar als Benecke von Gröditzberg in den preußischen Adelsstand erhoben.

Was war es nun, das dieses achtbare, aber durchaus nicht außergewöhnliche Leben der Madame du Titre so bemerkenswert machte, daß ihre Person in die Lokalgeschichte und in die Literatur einging? Willibald Alexis hat sie als »Madame Braunbiegler« in einem Roman verewigt, Goethe und Hebbel erwähnen sie, und E. T. A. Hoffmann soll ihr – mehr als schmeichelhaft – bescheinigt haben, sie spreche als einzige Frau Berlins das Berlinische mit Grazie.

Ihre gesellschaftliche »Celebrität« verdankt sie wohl in erster Linie ihrer verblüffenden Schlagfertigkeit, ihrem Mutterwitz und ihrem ungezügelten Mundwerk, dem vorlaut, doch nie bösartig so manches Bonmot entschlüpft. Dergleichen Drastik und Unbekümmertheit ist man zwar von Markt- und Schlachtersfrauen gewöhnt, nicht aber von Damen der Gesellschaft. Den auf standesgemäßen Comment bedachten Schwiegersöhnen ist denn auch der Auftritt der resoluten Schwiegermama, die kein Blatt vor den Mund nimmt, höchst peinlich, und sie halten sie nach Möglichkeit von ihren Empfängen fern.

Das schmälert Madame du Titres Ruhm nicht, im Gegenteil, ihre witzigen Kommentare zum Zeitgeschehen machen bald nicht nur in den Biedermeiersalons die Runde, sondern auch in den Kreisen der Droschkenkutscher und Kneipenwirte. Ihre

Anekdoten werden ausgeschmückt und angereichert, alte Wanderanekdoten auf ihre Person bezogen – ein Beweis ihrer Popularität. Die Figur der Madame du Titre verselbständigt sich als Typ der Urberlinerin mit all den Eigenschaften, die die Berliner gern auf sich beziehen: Humor und Keßheit, praktische Vernunft, gepaart mit Herz. »Herz mit Schnauze« hieß es viel später, auf eine andere volkstümliche Berlinerin, Grete Weiser, bezogen. Wieviele der Anekdoten tatsächlich authentisch sind, kann auch der Biograph Hermann Kügler nicht mehr zuverlässig feststellen. Glaubwürdig und für das Selbstbewußtsein Madame du Titres bezeichnend ist ein Gespräch mit ihrer Gesellschafterin, der sie erzählt, wohin sie am Morgen schon überall »gelofen« sei: »Und wie ick so gelofen bin ...« – »Aber Madame du Titre«, wandte ihre Gesprächspartnerin belehrend ein, »on dit gegangen, gegangen, nicht gelofen«, und sie erhält zur Antwort: »Wat, gegangen, gegangen? Mamsellken, ick bin gelofen und habe den reichen du Titre gekriegt. Und Sie sind gegangen, gegangen, und haben noch keenen nich gekriegt!«

Bezeichnend auch eine Begegnung mit Goethe, die um 1819 stattfand und in verschiedenen Versionen überliefert ist. Gustav Parthey, der Enkel Friedrich Nicolais, legte Madame du Titre folgende Schilderung in den Mund: »Ick hatte mir vorjenommen, Goethe doch och mal zu besuchen, und wie ick mal durch Weimar fuhr, ging ick nach seinen Garten und gab dem Gärtner einen harten Taler, daß er mir in eine Laube verstecken und einen Wink geben sollte, wenn Goethe käme. Und wie er nun die Allee runter kam und der Gärtner gewunken hatte, da trat ick raus und sagte: Angebeteter Mann! Da stand er stille, legte die Hände auf den Rücken, sah mir groß an und fragte: Kennen Sie mir? Ich sagte: Großer Mann, wer sollte Ihnen nicht kennen! und fing an zu deklamieren:

> Fest gemauert in der Erden
> Steht die Form aus Gips gebrannt!

Darauf machte er einen Bückling, drehte sich um und ging weiter. So hatte ick denn meinen Willen gehabt und den großen Goethe gesehen.«

Auf ihre Verwechslung Goethes mit Schiller angesprochen, soll sie geantwortet haben: »Ach, det macht ja nischt, Schiller und Goethe sind janz ejal.« Mit diesem unbekümmerten Eingeständnis ihrer Bildungslücke setzte sie sich – naiv oder durchaus gezielt – über den sie ärgernden Bildungsdünkel ihrer Kreise hinweg. Ihr Benehmen, keß und frei von jeder Unterwürfigkeit, läßt ihre Zeitgenossen schmunzeln und würde wohl kaum so eifrig weitergegeben und kolportiert, wenn es nicht dem geheimen Selbstverständnis der Berliner entspräche. So erzählt man sich von einer Begegnung Madame du Titres mit Friedrich Wilhelm III. Dem Monarchen, der nach dem frühen Tod der vom Volk geliebten Königin Luise nun allein dasteht, bringt Madame du Titre ihr Mitgefühl mit den Worten zum Ausdruck: »Ja, Majestäteken, et is schlimm for Ihnen; wer nimmt och jern eenen Witwer mit sieben Kinderkens!«

Ihre – trotz mangelnder Distanz – große Verehrung für das Königshaus zeigt die Geschichte mit dem Handschuh. Der König, dem sie stets ihre Reverenz mit einem Hofknicks erwies, wenn er in seiner Droschke durch den Tiergarten fuhr, soll sie einmal sogar in ihrem Haus besucht haben. Sie zog zur Feier des Tages weiße Glacéhandschuhe über, und den rechten Handschuh bewahrte sie fortan unter Glas in ihrer Diele auf, versehen mit der Unterschrift: »An diesen Handschuh hat mir mein König drangefaßt.«

Das mangelhafte Deutsch Madame du Titres darf nicht dazu verleiten, in ihr eine primitive Person zu sehen, längst nicht alle bedeutenden Berliner, weder Schadow noch General Wrangel, unterhielten sich in der gepflegten Sprache der literarischen Salons; auch Pauline Wiesel, die Geliebte des Prinzen Louis Ferdinand und Gattin eines Kriegsrats, konnte mir und mich nicht unterscheiden. Schon 1798 wird in einer Schrift über Berlin geklagt, wie fehlerhaft der Berliner seine Muttersprache beherrsche: »Besonders sind unsere Frauenzimmer nicht nur mit dem Bau der Perioden, sondern auch mit der Aussprache, dem Tone, der Reinheit, der Richtigkeit der Sprache ganz unbekannt.«

Die derbe »Schusterjungensprache« Madame du Titres steht eigentlich im Gegensatz zu ihrem eleganten Auftreten, das französischen Ursprung keineswegs verleugnet, wenn es auch für hugenottische Lebensart untypisch ist. Aber gerade diese Gegensätze machen auch den Reiz ihrer immer leicht schillernden Persönlichkeit aus: Einerseits glanzvolle Auftritte bei den Brühlschen Bällen in Roben, die Berlins führende Modistin, Madame Löwe, für sie entwarf, andererseits größte Sparsamkeit im Haushalt und ein Strickstrumpf in der Kalesche, womit sie strickend die Zeit nutzte, bis der Kutscher die Pferde eingespannt hatte. Ihr hausfraulich praktischer Sinn, der musische Verzückung und Entrückung nicht aufkommen ließ, äußert sich auch in der überlieferten Schilderung einer Macbeth-Aufführung: Madame du Titre sitzt auf ihrem Stammplatz in der Theaterloge, die berühmte Crelinger (nach anderen Quellen die Unzelmann) spielt die Lady Macbeth. Als das Geschehen sich im fünften Akt dem Höhepunkt nähert und die verstörte Lady Macbeth im weißen Nachtgewand mit einem Kerzenleuchter in der zitternden Hand über die Bühne irrt, läßt Madame du Titre sich weniger von der Dramatik des Augenblicks, als von dem auf den Teppich tropfenden Wachs beeindrucken und ruft mit ihrer tiefen Stimme aufgeregt in die atemlose Stille hinein: »Macbethen, Macbethen, Se drippen ja!«

Ein Nachbar Madame du Titres erinnert sich, wie sie – auch das ein Indiz ihrer häuslichen Sparsamkeit – in ein rotes Umschlagtuch gehüllt und stets gefolgt von ihrer Mamsell des Morgens in der Frühe die Wochenmärkte auf dem Spittel- oder Neumarkt nach günstigen Einkaufsquellen absuchte. Er beschreibt sie als »große, hagere bejahrte Frau mit einer rötlich-blonden Lockenperücke«. Seltsamerweise existiert von Madame du Titre nur ein einziges Bildnis, eine Photographie nach dem Gemälde eines unbekannten Malers, das eine stattliche, energische Fünfzigerin

zeigt, mit selbstbewußter, kühler Miene, modisch herausgeputzt mit einer »Toque«, einem Samtbarett mit herabwallender Straußenfeder. Vielleicht hatte die Familie gar kein Interesse daran, ihr durch weitere Bildnisse noch mehr Aufmerksamkeit und Nachruhm zu sichern?
Sie starb am 22. Juli 1827, laut Kirchenbuch der französischen Kolonie an Wassersucht, und wurde auf dem Friedhof der französischen Gemeinde in der Chausseestraße beigesetzt. Varnhagen von Ense vermerkt vier Tage später in seinem Tagebuch: »Mad. du Titre, Mutter der Mad. Benecke, ist in hohem Alter gestorben; sie war ein Berliner Originalstück von Einfalt und Mutterwitz; hundert lustige Geschichten, Anekdoten, Bemerkungen usw. gehen von ihr im Schwange, die man billig sammeln sollte.«
Sie selbst hatte kurz vor ihrem Tod beim Aufsetzen des Testaments noch geseufzt: »Wenn ick so denke, wer von meine Verwandten all det scheene Geld erbt, möcht' ick am liebsten jarnich sterben.«

Salon in der Dachstube

Rahel Varnhagen
(1771-1833)

Denken ist Graben, mit einem Senkblei messen.
Rahel Varnhagen, Denkblätter einer Berlinerin

Wie kommt es, daß im Berlin des ausgehenden 18. Jahrhunderts alles, was Stand und Rang und Namen hat oder haben möchte, sich ausgerechnet in den Salons der Henriette Herz oder der Rahel Varnhagen trifft? – Henriette Herz, deren Mann philosophische Vorlesungen im eigenen Haus abhält – Berlin hat noch keine Universität –, glaubt es zu wissen: »Die christlichen Häuser Berlins boten nichts, welches dem, was jene jüdischen an geistiger Geselligkeit boten, gleichgekommen oder nur ähnlich gewesen wäre ... Es gab da viele ehrenwerte Familientugenden, aber jedenfalls noch mehr geistige Beschränktheit und Unbildung.« Vom königlichen Hof unter Friedrich dem Großen und seinem Nachfolger Friedrich Wilhelm II. kann sie von tödlicher Langeweile namentlich junger Edelleute berichten und führt als Beispiel Alexander von Humboldt an, der sein Familienschloß Tegel in Briefen an sie »Schloß Langeweile« nennt.

Von Langeweile allerdings konnte in den Salons der geistreichen und temperamentvollen Damen keine Rede sein, auch wenn man artig seinen Tee trank und Biskuits und geröstete Kastanien knabberte. Zuviel gegensätzliche Charaktere und Meinungen prallten in diesen gewissermaßen exterritorialen Räumen aufeinander, in denen Aristokratie und Diplomatie ganz ungeniert mit den rechtlich noch nicht als vollwertige preußische Bürger anerkannten jüdischen Gelehrten und Künstlern verkehrten. Die Literaten gaben den Ton an, die Schauspieler brachten die Farbigkeit mit, Philosophen wie Fichte und Schleiermacher den Tiefgang und Gäste von auswärts, Schiller, Jean Paul, die Abwechslung.

Dabei spielt es keine Rolle – oder erhöht sogar den Reiz –, daß sich Rahels Salon nicht wie derjenige der Madame Herz in einem vornehmen Bürgerhaus, sondern in einer schlichten Dachstube etabliert hat: Jägerstraße Nummer 54 – eine Adresse, die als Treffpunkt führender Köpfe der Romantik in die Literaturge-

schichte eingeht. Die Brüder Schlegel, Tieck, Achim von Arnim und Brentano begegnen sich hier, und Rahel Levin, Tochter eines wohlhabenden Berliner Juweliers, die nie eine vernünftige Schule besucht und nur hebräisch schreiben gelernt hat, saugt sich bei diesen Dachstubengesprächen voll mit Wissen und fremden Ideen. Aber nie läßt sie sich von diesen Ideen ganz überwuchern, sie bleibt ein Eigengewächs, kritisch und souverän, »auf das Selbstdenken kommt alles an«, resümiert sie ihre eigenen Bildungsbemühungen. Als wirblig, funkensprühend, exzentrisch, kokett und auf Wirkung bedacht, aber auch als gutherzig und wohltätig charakterisiert sie die eine Generation später geborene Schauspielerin Karoline Bauer und vergleicht sie darin mit Bettine von Arnim, doch ohne deren Anmut der Erscheinung: »Rahel ist klein, ziemlich stark, von Taille keine Spur. Ein graues Kleid hing wie ein Sack um ihre Gestalt ...« Rahel leidet an ihrem Aussehen. »Außer dem, daß ich nicht hübsch bin, habe ich keine innere Grazie ... Ich bin unansehnlicher als häßlich«, schreibt sie und beklagt außer der mangelnden Schönheit und der fehlenden Mitgift, die ihr eine Einheirat in angesehene Kreise erleichtert hätten, auch ihr Schicksal als Jüdin, ihren »Makel der infamen Geburt«. Wenn sie das Fazit zieht: »Ich bin eine Falschgeborene«, so drängt sich die Frage auf, wie ihr Leben ohne diese schmerzlichen, aber auch herausfordernden Erfahrungen verlaufen wäre. Hätte sie mit einer soliden bürgerlichen Ausbildung diesen Heißhunger auf Wissen und Welt verspürt? Ist es nicht gerade der fehlende Bildungsballast, der es ihr ermöglicht, sich so frei, ganz aus eigenem Empfinden heraus und ohne Vorprägungen zu äußern? Ihr untrüglicher Instinkt für das Wesentliche eines Menschen, ihre Fähigkeit der Empathie, des sich Hineinversetzens in den andern, und ihre vorurteilslose Offenheit – hätten sich all diese Eigenschaften so entwickeln können ohne selbsterlittene Verwundungen?
Rahel, Vertraute des Prinzen Louis Ferdinand, der sich in ihren Räumen mit der schönen Schauspielerin Pauline Wiesel traf, war Beraterin und Freundin so mancher Haltsuchender. Doch in

ihrem eigenen Leben findet sie nicht den Halt und Mittelpunkt, den sie anderen gewährt. Die beklemmenden Kindheitsprägungen, das Stigma der jüdischen Herkunft belasten sie zeitlebens, aber auch das Eingeengtsein als Frau in die Konventionen ihrer Zeit. An ihre Schwester Rose schreibt sie 1819: »Dies ist der Grund des vielen Frivolen, was man bei Weibern sieht: sie haben gar keinen Raum für ihre eigenen Füße, müssen sie nur immer dahin setzen, wo der Mann eben stand und stehen will... jeder Versuch, jeder Wunsch, den unnatürlichen Zustand zu lösen, wird Frivolität genannt; oder noch für strafwürdiges Benehmen gehalten.«

Zu diesem Zeitpunkt hat sie bereits zwei Verlobungen und einige zerbrochene Freundschaften hinter sich und ist seit fünf Jahren – mehr aus praktischen Erwägungen denn aus Liebe – verheiratet. Die erste Verlobung mit dem preußischen Landedelmann Karl Graf von Finckenstein scheitert am jahrelangen Zaudern des Bräutigams, die mittellose Jüdin, die von einer Rente ihrer Brüder lebt, in seine Familie einzuführen. Rahel resigniert, löst die Verbindung, die ihr endlich die ersehnte Assimilation gebracht hätte, nach fünf Jahren, ohne Finckenstein diese Demütigung jemals zu verzeihen. Sie sucht in Paris bei ihrer Freundin Caroline von Humboldt den Schmerz zu betäuben, stürzt sich aber nach ihrer Rückkehr in die preußische Hauptstadt fast besinnungslos in ein neues Liebesabenteuer. Sie verlobt sich mit dem spanischen Legationssekretär Don Raphael d'Urquijo, einem Mann von Etikette und furioser Eifersucht. Nach zwei Jahren gegenseitiger Marter trennen sich die beiden. Eine bittere Zäsur in Rahels Leben und auch eine zeitgeschichtliche Zäsur: das Ende der Frühromantik. Restaurative Tendenzen verstärken sich, Antisemitismus tritt offener zutage, Napoleon marschiert am 27. Oktober 1806 in Berlin ein. Rahels Salon gerät in den Strudel der Kriegswirren, sie zieht von der Jägerstraße um in die Charlottenstraße, später in die Behrenstraße.

1814, nachdem sie sich hat taufen lassen und sich nun Antonie Friederike nennt, heiratet sie, 43jährig, den 14 Jahre jüngeren und

noch in keiner Weise profilierten Karl August Varnhagen von
Ense, der ihr endlich bürgerlichen Status, wenn auch nicht den
seinem Stand gemäßen Lebenszuschnitt bieten kann. Sie verhilft
ihm zu bescheidenem beruflichen Aufstieg, er dankt es ihr mit
treuen Sekretärsdiensten. Früh beginnt er, ihre verstreuten Notizen, ihre Aphorismen und Briefe zu sammeln; sein Verdienst ist
es, daß uns weit über 5000 Briefe erhalten sind, teils veröffentlicht, teils noch unerschlossen in der Jagellonischen Bibliothek
in Krakau lagernd.
Varnhagen hatte das richtige Gespür: Rahels ganz subjektive
und doch welthaltige, zeitgebundene und über die Zeit hinausweisenden Briefe sind es, die ihr den Nachruhm sichern und die
gleichzeitig eine Möglichkeit weiblicher Selbstentfaltung in den
Grenzen des Berliner Gesellschaftslebens dokumentieren. Für
diese so ausdrucksstarken, sich wenig um Regeln der Orthographie und Interpunktion kümmernden Briefe holte sich Rahel
die Worte zusammen, wo sie sie fand, aus fremden Sprachen,
dem Berliner Jargon oder aus ihrer schöpferischen Sprachphantasie. Sie, die sich nie für eine Dichterin hielt, war sich der Bedeutung und des literarischen Ranges ihrer Briefwechsel durchaus
bewußt und hat eine spätere Veröffentlichung wohl mit einkalkuliert, wenn sie verkündet: »Mein Leben soll zu Briefen werden.« Schon 1801 schreibt sie an eine Freundin: »Und sterbe ich –
suche alle meine Briefe – durch List etwa – von allen meinen
Freunden und Bekannten zu bekommen...«, und sie stellt ihr
Licht nicht unter den Scheffel mit dem Nachsatz: »Es wird eine
Originalgeschichte und poetisch.« Noch deutlicher die Aussage:
»Ich bin so einzig, als die größte Erscheinung dieser Erde. Der
größte Philosoph oder Dichter ist nicht über mir. Wir sind vom
selben Element. Im selben Rang ... Mir aber ward das *Leben*
angewiesen.«
Ein Leben, in dem die Briefkontakte eine so bedeutsame Rolle
spielen, nicht zuletzt deshalb, weil es Rahel in ihren späteren
Salons – sie siedelt 1827 von der Französischen Straße in ihr letztes Domizil, die Mauerstraße 36 über – nicht mehr gelingt, »die

Dachstube im Größeren fortzuspinnen«. Sie ist nun, was sie sich immer gewünscht hatte, eine getaufte Preußin, aber eine neue Identität hat sie im kleinräumigen Biedermeierberlin nicht finden können. Sie rebelliert, hadert, läßt sich von den emanzipatorischen Saint-Simonistinnen beeindrucken, greift im Gefolge Heines politische Fragestellungen auf, man reiht sie bei den utopischen Sozialistinnen ein. Doch dieselbe Frau liest, ganz nach innen gerichtet, den Mystiker Angelus Silesius und huldigt zeitlebens einem Goethekult, wie er zwar in den Salons der Zeit und besonders bei Bettina von Arnim üblich war, aber bei Rahel befremdlich wirkt. »Goethe hat mir für ewig den Ritterschlag gegeben. Beim Himmel ... Kein Olympier könnte mich mehr ehren«, schreibt sie enthusiastisch nach einer flüchtigen Begegnung. Goethe selbst scheint diese Art von Huldigung nicht unangenehm zu sein. Er nennt seine Verehrerin »ein liebevolles Mädchen« und äußert einem Freund gegenüber: »Sie ist was ich eine schöne Seele nennen möchte, man fühlt sich, je näher man sie kennen lernt, desto mehr angezogen und lieblich gehalten.« Heine geht noch weiter. Er hält sie für die geistreichste Frau des Universums, am 12. April 1823 schreibt er: »und wenn ich mir auch hundertmal des Tags vorsagte: ›Du willst Frau von Varnhagen vergessen!‹ – es ginge doch nicht.«

Eine seltsame Faszination muß selbst noch von der alternden Rahel ausgegangen sein, auch wenn Madame de Staël nach ihrem Deutschlandbesuch abschätzig von der »kleinen Berlinerin« spricht. Grillparzer schildert anschaulich, wie er sie spätabends in der Mauerstraße besucht – da ist sie 56: »Nun fing aber die alternde, vielleicht nie hübsche, von Krankheit gezeichnete, etwas einer Fee, um nicht zu sagen einer Hexe ähnliche Frau zu sprechen an, und ich war verzaubert. Meine Müdigkeit verflog oder machte vielmehr einer Trunkenheit Platz. Sie sprach und sprach bis gegen Mitternacht, und ich weiß nicht mehr, haben sie mich fortgetrieben oder ging ich selbst fort ... In der ganzen Welt hätte mich nur eine Frau glücklich machen können, und das ist Rahel.«

Und diese selbe Frau ist es, die sich ihr Leben lang als Ausgestoßene, Unbehauste vorkommt, die »als Parvenu ihre Pariaqualitäten« behalten hat, wie Hannah Arendt es in ihrer Biographie ausdrückt. Eine Frau in ihren Widersprüchen, und es lag Rahel nie daran, diese Widersprüche auszuräumen, zu harmonisieren.
Sie wünscht sich einen Sargdeckel aus Glas, mit kleinsten grünen Glasscheiben, und er soll »nicht in die Erde gegraben, sondern in ein wenn auch noch so kleines Häuschen gesetzt« werden. Sie möchte nicht in Vergessenheit geraten. Varnhagen respektiert den Wunsch seiner Frau, die für ihn »während 19 Jahren unserer Ehe das höchste und reinste Glück meines Lebens« war. Er läßt die am 7. März 1833 Verstorbene in einem Gewölbe auf dem Dreifaltigkeitsfriedhof beisetzen, erst 25 Jahre später, nach seinem Tod, werden beide gemeinsam begraben.
1834 gibt Varnhagen einen Privatdruck mit ausgewählten Briefstellen seiner Frau heraus: »Rahel – ein Buch des Andenkens für ihre Freunde« – der Beginn eines umfangreichen Sammelwerkes.
Rahel Varnhagen überlebt in ihren Briefen.

Denkmal ohne Goldverzierung

Königin Luise
(1776–1810)

Vielleicht war Luise, Königin von Preußen, die märchenhafteste Figur, die je als Berlinerin in die Geschichte einging. Porträts ihrer Zeitgenossen, von Tischbein bis Schadow, zeigen wohl ihren außergewöhnlichen Liebreiz, nicht aber die Tragik, die über ihrem kurzen Leben lag. Sie war 34 Jahre alt, als sie starb, und gehörte so zu den Frühvollendeten, die man in besonderer Weise verehrt. Zehn Geburten hat sie hinter sich gebracht, dabei alle Honneurs und Pflichten des Hofes wahrgenommen, und als das Ausgreifen Napoleons ihre Umgebung mutlos machte, lebte sie in ihrer Schwäche Standhaftigkeit vor. Selbstmitleid kannte sie nicht, obgleich sie fast immerzu Krankheiten ausgesetzt war und ihre seelischen wie körperlichen Kräfte ständig überansprucht wurden. Sie war und wirkte wie ein Kind – und nahm doch interessiert Anteil am politischen Geschehen. Wo sie konnte, versuchte sie, ihren Mann zu stützen.

So war sie wie geschaffen, die Neugier wie auch die Bewunderung ihrer Mitmenschen zu wecken, ein Hauch von Verklärung legte sich von Anfang an über ihre Person, und sie blieb die ehrfürchtig verehrte und doch volksnahe Königin – auch nach ihrem Tod – bis in die Weimarer Zeit hinein, als die Republik ausgerufen war und man so ganz ohne Glanz zu leben hatte, nachdem die Dynastie Preußen gestürzt war und nur noch der alte Hindenburg an vergangene monarchische Zeiten erinnerte. Ein reichliches Jahrhundert war Luise Vorbildfigur der zusammenwachsenden deutschen Nation: häusliche, mütterlich sich aufopfernde Frau und zugleich anmutige Repräsentantin des preußischen Staates. Goethe war einer der ersten, der sich über den Liebreiz Luisens äußerte, und zwar am 29. Mai 1793 in seiner autobiographischen Betrachtung »Belagerung von Mainz«: »Gegen Abend war uns, mir aber besonders, ein liebenswürdiges Schauspiel bereitet; die Prinzessinnen von Mecklenburg hatten im Hauptquartier zu Bodenheim bei Ihro Majestät dem König gespeist und besuchten nach der Tafel das Lager. Ich heftelte mich in mein Zelt ein und durfte so die hohen Herrschaften, welche unmittelbar davor ganz vertraulich auf und nieder gingen, auf das genauste beobachten. Und wirklich konnte man in diesem Kriegsgetümmel die beiden jungen Damen für himmlische Erscheinungen halten, deren Eindruck auch mir niemals verlöschen wird.«

Auch wenn der Voyeur aus Weimar den Himmel bemühte, in Wahrheit ging es um eine recht weltliche Sache. Der König von Preußen suchte für seine beiden Söhne, Kronprinz Friedrich Wilhelm und Prinz Louis standesgemäße Gemahlinnen. Da stieß er auf die beiden Schwestern Luise und Friederike aus dem Hause Mecklenburg-Strelitz. Am 13. März hatte sie der König begutachtet, dann konnte der Kronprinz wählen, und er entschied sich nach einigem Zögern für Luise, die pflichtschuldigst in Liebe entbrannte. In den etwa achtzig Briefen während der Brautzeit versicherte sie immer wieder, wie glücklich sie sei und wie sie sich bemühen werde, ihrem Verlobten eine gute Gefährtin zu sein. Angst hatte sie freilich auch, denn sie war gerade 17 Jahre alt und fühlte sich als letzte unter den Töchtern der deutschen Dynastien. In einem Brief bat sie den Kronprinzen: »Sie kennen mich noch recht wenig, deshalb bitte ich Sie im voraus, haben Sie viel Nachsicht mit mir, verlangen Sie nicht zu viel von mir, ich bin sehr unvollkommen, sehr jung, ich kann mich oft irren ...«

Besonders ängstigte sie ihre Übersiedlung nach Berlin, das fremd und groß vor ihr lag »wie ein böses unbekanntes Etwas«. In Hannover-Herrenhausen und bei ihrer Großmutter am Hofe in Darmstadt großgezogen, war für sie die Hauptstadt mit ihren damals 150 000 Einwohnern ein Alptraum, obgleich Berlin viel kleiner und übersichtlicher war als etwa London oder Paris. Luise dachte in bescheidenen Verhältnissen; so schreibt sie in einem Brief kurz vor ihrer Abreise: »Werden Sie es wohl glauben, meine Verlegenheit wegen der Ankunft in Berlin wächst mit jedem Augenblick; deshalb sage ich es Ihnen vorher und bitte Sie, es allen Leuten zu sagen, daß ich ganz einfach bin.« Später äußert sie sich schon selbstbewußter und zeigt eigene Konturen: »Denn unter uns gesagt, soviel ich von den Berliner Frauen habe

reden hören, verdienen sie meine Freundschaft nicht. Die meisten von ihnen sind kokett und Sie wissen, lieber Prinz, wie ich die Koketterie verabscheue.« Die Koketterie sei die Quelle der abscheulichsten Laster und sie wage es auszusprechen: ihr Herz sei zu tugendhaft, um sich jemals zu ändern. Sie könne sich nicht dazu erniedrigen, »derartige Personen« zu lieben.
Der Empfang in Berlin war dann allerdings überwältigend. Schon die triumphale Fahrt quer durch Deutschland, die herzliche Begrüßung in Potsdam. Ein ungeheurer Zulauf von Menschen, schrieb Luises jüngerer Bruder in sein Tagebuch. In Berlin dann Einzug durch das Potsdamer Tor, wo die künftige Königin vom Magistrat willkommen geheißen wurde. Die Bürgerwehr war mit ihren Kompanien aufmarschiert; Glanzpunkt war eine Ehrenpforte Unter den Linden, zwanzig Meter hoch, alles geschmückt mit Myrten, Blumen und Inschriften. Die französische Kolonie vertraten dreißig festlich gekleidete Schüler, die Bürger hatten zwei Dutzend weiß gewandete Mädchen entsandt. Luise überstrahlte alles durch ihre Anmut und Herzlichkeit, so wurde schon in dieser Stunde klar, daß die Bevölkerung sie als eine der ihren annahm. Zwei Jahre später schrieb Luise an ihren Bruder Georg: »Ja, bester Freund, es war eine feierliche Stunde für mich, in der ich Berlins Einwohnerin ward...«
Kurz nach der Ankunft, am 24. Dezember 1793, fand die Vermählung statt, anschließend bezog das junge Paar das Kronprinzenpalais Unter den Linden.
Die nun folgenden dreizehn Berliner Jahre bis zur Flucht vor Napoleon, 1806, sind gekennzeichnet durch die Sympathie, welche die Bevölkerung ihrer Königin entgegenbrachte, und Luises Hineinwachsen in die Pflichten des Hofes. Sie beobachtete Staatsaffären und Machtkämpfe, lernte die Mühsal des politischen Geschäfts kennen und größere Zusammenhänge begreifen. Manche Mißstände weckten ihre Kritik, so fanden die Reformbestrebungen und Pläne des Grafen Hardenberg und des Freiherrn vom Stein bei ihr ein offenes Ohr.
Ständig blieb ihr Leben von Kummer überschattet: die Enttäu-

schung über ihren Mann, seine bloße Redlichkeit und formale Korrektheit, ohne inneres Format und wirkliche Größe, war wohl die eigentliche Quelle ihrer Resignation. Auch mit dem Hof, dem die Etikette so viel galt, hatte sie Schwierigkeiten. Sich inmitten dieses äußerst betriebsamen Lebens- und Pflichtenkreises einsam zu fühlen, war eine Last, die sie durch Zuwendung zu ihrer eigenen Familie zu mildern versuchte. So füllte der Briefwechsel mit ihrer Großmutter, ihrem Vater, ihren Schwestern und dem drei Jahre jüngeren Bruder Georg viele Stunden aus. Schwer traf es sie, daß ihre Schwester Friederike, mit der sie eine Doppelhochzeit gefeiert hatte, vom Unglück verfolgt wurde: Ihr Gemahl, Prinz Louis, starb wenige Jahre nach der Verheiratung; als Witwe hatte sie eine Liaison mit einem Adligen, wurde schwanger und mußte vom preußischen Hofe verschwinden. Am 11. Januar 1799 klagt Luise in einem Brief: »Sie ist fort! Ja, sie ist auf ewig von mir getrennt. Sie wird nun nicht mehr die Gefährtin meines Leben sein. Dieser Gedanke, diese Gewißheit umhüllen dermaßen meine Sinne, daß ich auch gar nichts anderes denke und fühle...« Zu diesem Schmerz gesellte sich noch die Enttäuschung über ihren Bruder. Der über alles geliebte Georg, mit dem sie ständig sehnsüchtige, fröhliche und vertrauliche Briefe gewechselt hatte, stellte sich als Versager heraus. Schließlich liest die Dreiundzwanzigjährige ihm im Juli 1799 schriftlich die Leviten. Der lange, beschwörende Brief gipfelt in der resoluten, für Luise bezeichnenden Feststellung: »So wie es jetzt ist, kann es nicht bleiben, denn du nützest niemandem und hängst an nichts. Beschäftigung, diese muß dir werden, diese muß ein jedes denkende Wesen sich machen, um nicht ohne Nutzen in der Welt zu stehen, wo doch jedes Ding seine Bestimmung hat.«
Es sagt nichts gegen die Berliner, aber alles gegen den Hof, daß zwei ausgedehnte Reisen den eigentlichen Höhepunkt ihrer Berliner Jahre darstellen. Die eine führt sie zusammen mit ihrem Mann zu den vielen Verwandten ins westliche und südliche Deutschland, die andere war eine sogenannte Huldigungsreise.

Nachdem König Friedrich Wilhelm II. im November 1797 gestorben war und das Kronprinzenpaar den Thron bestiegen hatte, besuchte es von Ende Mai bis Ende Juni 1798 die alte Krönungsstadt Königsberg, auch Danzig, Warschau und Breslau, und überall waren die Ovationen der Bevölkerung überwältigend, wobei besonders die Königin die Aufmerksamkeit auf sich zog. Das wiederholte sich dann noch einmal während der Huldigungsfeiern in Berlin am 6. Juli 1798. Luise war damals hochschwanger, eine Woche später wurde ihre Tochter Charlotte (die spätere Zarin Alexandra Feodorowna) geboren. Diese Belastungen muß man sich vor Augen halten, um die kleine, bezeichnende Notiz aus Warschau vom 17. Juni 1798 zu verstehen: »Meine Gesundheit hält wunderbarerweise den zahl- und namenlosen Anstrengungen stand, die ich durchmache. Am 29. bin ich in Charlottenburg, und der Gedanke daran ist mehr wert als alle Beruhigungsmittel der Welt.«

Die dauernde körperliche Überbeanspruchung setzt Luise schwer zu, doch versucht sie, heroisch durchzuhalten: fast jedes Jahr eine Geburt, dazwischen all die höfischen Verpflichtungen, dazu kommen Fieber und Erkältungen, die auch in dem geliebten Bad Pyrmont nicht auskuriert werden können. Rheumatische Zahnleiden und Masern, alle Krankheiten der Epoche suchen sie heim, und immer muß sie Haltung bewahren. Nur in den Briefen deckt sie ihre Bedrängnisse auf. Hier wurde ein Leben verbraucht, dem Frohsinn und Unbeschwertheit viel eher angestanden hätten. Was sich in den dreizehn Berliner Jahren andeutete, wurde später, in den vier Jahren auf der Flucht vor Napoleon bis zu ihrem Tode 1810, zum Höhepunkt fortgetrieben. Am 27. April 1808 schreibt sie von Königsberg aus an ihren Bruder, mit dem sie nach wie vor in großer Liebe verbunden ist: »Ach, lieber Georg, ich will Dich nicht traurig stimmen, aber Du kannst es Dir schon selbst sagen, ich bin weit entfernt, glücklich zu sein! Das Unglück anderer ist das meine, die Unmöglichkeit, der leidenden Menschheit zu helfen, ist wirklich ein solches für mich... Die seelischen Leiden übertragen sich auf den Körper,

und so verringern sich die Kräfte allmählich. Wenn nur Schlesien geräumt wäre ..."
So verbinden sich bei Luise die persönlichen Leiden mit dem Unglück der Menschen und dem Schicksal Preußens, das sie unaufhörlich beschäftigt. Napoleon ist der große Feind. Ihn beginnt sie zu hassen. Ihre vertraulichen Verbindungen zu Freiherr vom Stein sind unter diesen Aspekten zu sehen. Sie ist immer wieder von dessen starker, temperamentvoller Persönlichkeit beeindruckt, die ihrem Manne ganz und gar fehlt. Auch ihre vertrauteste Freundin Caroline von Berg war eine glühende Anhängerin Steins; das politische Interesse Luises bekam so streckenweise einen Zug des Konspirativen. Das Zeitgeschehen empfand sie zutiefst aufwühlend, fast zerstörerisch intensiv – eine Affinität zu Heinrich von Kleist, der, wie so viele Zeitgenossen, ein emphatisches Gedicht auf die Königin schrieb.
Die Tragik ihrer Situation kommt unverhüllt in einem Brief an Caroline von Berg zum Ausdruck, den sie am 12. März 1809 in Königsberg schrieb: »Ich erlebe heute einen Tag, wo die Welt mit allen ihren Sünden auf mir liegt. Ich bin krank an einem Flußfieber, und ich glaube, solange die Dinge so gehen wie jetzt, werde ich nicht wieder genesen. Der Krieg mit Österreich wird losbrechen, wie jedermann weiß, das ist im Grunde das Hindernis für unsere Rückkehr nach Berlin; dieses allein betrübt mich bis zum Tod, aber was Sie nicht wissen: Rußland wird Frankreich helfen, Österreich auszuplündern, und das wird mich noch um meinen Verstand bringen. Ich bin in einem unbeschreiblichen Zustand... Nein, ich kann es nicht aussprechen, was ich fühle, wie es in mir tobt, die Brust zerspringt mir fast. Und wir hier in diesem Klima, in Preußen, wo Stürme seit 14 Tagen wüten, entfernt von allen Lieben. Ach Gott, ist es der Prüfungen noch nicht genug?« Anfang August schreibt sie an dieselbe Adressatin: »Ging ich nur nach Berlin, dahin, dahin möcht ich jetzt gleich ziehen; es ist ordentlich ein Heimweh, was mich dahin ziehet. Und mein Charlottenburg! Und alles mein, sogar mein lieber, tiefer Sand den lieb' ich. –«

Und noch einmal an Frau von Berg, Anfang Dezember, kurz vor der Heimkehr, schon Todesschatten fühlend: »Ich werde also bald Berlin wiedergegeben sein und wiedergegeben soviel ehrlichen Herzen, die mich lieben und achten. Mir wird es alle Augenblicke ganz miserabel für Seligkeit, und ich vergieße schon soviel Tränen hier, wenn ich daran denke, daß ich alles auf demselben Platz finde, und doch alles, alles so ganz anders, daß ich nicht begreife, wie es wird. Es ist eine Schwermut in mir, die ich beinah' nicht begreife. Schwarze Ahnungen, Beklommenheit, mit einem Worte: mehr traurig als froh. Ich möchte immer vor der Welt fliehen, allein sein ...«

Am 15. Dezember 1809 verließen der König und Luise Königsberg, am 23. Dezember trafen sie in Berlin ein. Der feierliche Einzug war der Beginn großer Anstrengungen in der neuen politischen und sozialen Lage. Dies alles war für ihre labile Gesundheit zuviel. Am 19. Juli starb sie an einer Lungenentzündung, während eines Besuches bei ihrem Vater in Hohenzieritz, umgeben von ihrer Familie. Auch die Oberhofmeisterin Gräfin Voß und die Freundin Caroline von Berg waren bei ihr. Im Mausoleum des Schlosses Charlottenburg wurde sie beigesetzt.

Dichter haben Königin Luise gehuldigt, das Volk hat sie verehrt, Legendenbildungen haben sie einseitig idealisiert. Heute entdeckt man neue Konturen an ihr: die selbständig denkende und handelnde, die mutig entschlossene Königin. Napoleon nannte sie eine »große Feindin«. Das trifft die Bedeutung dieser Frau eher als die harmlos lieblichen Goldverzierungen vergangener Zeit. Goethe sprach von ihr als einer höchst vollkommenen, angebeteten Königin. Sie war groß in ihrer Schwäche, das ist es wohl, was der Sinnierer unter Vollkommenheit verstand. Das kurze, nur 34 Jahre währende Leben Luises, das mitten in die lange Lebenszeit des Dichters eingebettet war, könnte als eine Art Kontrapunkt zu dieser gesehen werden.

Ist Komponieren Männersache?

Fanny Mendelssohn
(1805-1847)

Im Großen Brockhaus (1971) ist dem Komponisten Felix Mendelssohn-Bartholdy eine ganze Spalte gewidmet, samt Bild und Werkverzeichnis. Die ebenfalls komponierende Schwester Fanny wird nur in einem Nebensatz als »musikalisch begabt« und Gattin des märkischen Malers Wilhelm Hensel erwähnt. Kein Wort von ihren Kompositionen, einem immerhin beachtlichen Oeuvre, kein Wort auch davon, daß Bruder Felix sechs ihrer Lieder seinem eigenen Werk einverleibte. Meyers Konversationslexikon von 1895 war da schon gerechter und registriert Fanny als »begabte Komponistin, deren Arbeiten teils unter ihres Bruders, teils (nach ihrem Tode) unter ihrem eigenen Namen erschienen sind«. Auch auf ihr »Trio für Klavier, Violine und Violoncell« wird hingewiesen. Während die Staatsbibliothek Preußischer Kulturbesitz die Komponistin mit einer Ausstellung zum 125. Todestag ehrte, ist sie in der umfassenden, seit 1947 erscheinenden Enzyklopädie »Die Musik in Geschichte und Gegenwart« gar nicht vertreten. – Reichte ihre musikalische Begabung doch nicht aus, sie an der Seite ihres Bruders unter die namhaften Komponisten einzureihen? Hätten dann aber die von ihr komponierten, von Felix unter op. 8 und op. 9 vereinnahmten Lieder nicht durch geringere Qualität herausstechen müssen? – Es bleiben Fragen.
Eva Weissweiler, die Fannys aufschlußreiche Briefe und ihr »Italienisches Tagebuch« herausgebracht hat, glaubt, den Grund für Fannys geringen Bekanntheitsgrad – neben der allgemein üblichen Unterschätzung weiblicher Komponisten – bei der Familie Mendelssohn-Bartholdy auszumachen: Eine professionelle Komponistin im Hause hätte dem als Wunderkind geltenden Felix den Rang ablaufen können, es mußte deshalb alles vermieden werden, was seinen Ruhm beeinträchtigte. Außerdem hatten die Mendelssohns schon einmal Ärger mit einem unbotmäßig emanzipatorischen Frauenzimmer gehabt, mit Dorothea Mendelssohn, die ihren Mann verließ, um Friedrich Schlegel zu heiraten, und mit ihm auch noch zum katholischen Glauben übertrat.

Felix Mendelssohn selbst hat das Komponieren seiner Schwester in keiner Weise gefördert, ja, alles darangesetzt, ihr den Weg in die Öffentlichkeit zu verbauen. Das beeinträchtigte aber das herzliche, geradezu innige Verhältnis der Geschwister nicht, in das auch die jüngere Schwester Rebecka und der Bruder Paul einbezogen wurden. Von klein auf erlebten sie diese enge, nach außen abgeschirmte Familiengemeinschaft, die begünstigt wurde durch den Entschluß der Eltern, die Geschwister statt in einer allgemeinen Schule zu Hause durch ausgesuchte Privatlehrer unterrichten zu lassen. So erhielten Fanny und der vier Jahre jüngere Felix nicht nur eine sorgfältige musikalische Früherziehung, sondern auch eine fundierte Unterweisung in Mathematik und Sprachen, in Zeichnen und Tanz, wie dies in jüdisch-liberalen Häusern üblich war.

Daß der Vater Abraham Mendelssohn, der sein Hamburger Bankhaus unter der Napoleonischen Besatzung hatte aufgeben müssen und mit seiner Familie nach Berlin übergesiedelt war, seine vier Kinder 1816 in der Neuen Kirche evangelisch taufen ließ, geschah wohl mehr, um ihnen eine erfolgreiche Zukunft nicht zu verbauen. Hieß es doch in einem Votum des preußischen Finanzministeriums aus demselben Jahr: »Der Übertritt der Juden zur christlichen Religion muß erleichtert werden, und mit dem sind alle staatsbürgerlichen Rechte verknüpft. Solange der Jude aber Jude bleibt, kann er keine Stellung im Staate einnehmen.« – Sechs Jahre später trat auch der Vater zum Christentum über und nahm den Familiennamen Bartholdy an – ein Schritt, den die Kinder später als opportunistisch auslegten und der ausgeprägt jüdischen Familientradition nicht würdig fanden. Mutter Lea war eine Enkelin Daniel Itzigs, des Bankiers Friedrichs des Großen und gleichzeitig Oberlandesältesten der preußischen Juden. Nicht weniger imponierend der Großvater väterlicherseits, der Philosoph und Kaufmann Moses Mendelssohn, ein Freund Lessings und der Toleranz, dessen Haus Treffpunkt der Berliner Künstler und Intellektuellen war.

Mit diesen Vorbildern vor Augen wuchsen die Kinder auf.

Fanny und Felix erhielten gemeinsam Klavierunterricht bei Ludwig Berger, einem strengen Lehrmeister, der ihnen so viel abforderte, daß für Spiel und Zerstreuung keine Zeit blieb. Alle vier Geschwister sangen außerdem in der Chorschule der Berliner Singakademie mit, hier wurde Fannys Liebe zur Musik Bachs und Händels geweckt. Komposition lernten Fanny und Felix bei Carl Friedrich Zelter, dem Brieffreund Goethes, der allerdings nur ein mäßiger Pädagoge war. So beklagte denn Fanny später immer wieder ihre mangelhafte kompositorische Ausbildung. Während die Eltern in Bruder Felix alle Hoffnungen setzten und er sich bei besten Lehrern auch im Ausland weiterbilden konnte, nützten ihr die »Bachschen Fugenfinger«, die der Mutter früh auffielen, wenig. Daß sie die meisten Beethoven-Sonaten und Bachschen Klavierwerke auswendig spielte und im Alter von zwölf Jahren das ganze »Wohltemperierte Klavier« beherrschte, zählte nicht. Sie war ein Mädchen und sollte sich nach dem Willen des Vaters zu ihrem »eigentlichen Beruf, zum einzigen Beruf eines Weibes, zur Hausfrau bilden«. Nicht daß Vater Abraham ihr das Klavierspiel und auch das Komponieren verboten hätte, aber es durfte stets »nur eine Zierde, niemals Grundbaß« ihres Tuns sein.

Für Fanny aber, die schon mit vierzehn ihr erstes Lied komponiert hat, ist die Musik mehr als eine Zierde. Immer weitere Lieder entstehen nach Texten klassischer und romantischer Autoren – Goethe bedankt sich bei »dem lieben Kinde« für ein vertontes Gedicht mit den Versen »Wenn ich mir in stiller Seele/ Singe leise Lieder vor ...« Die junge Komponistin wagt sich nun auch an Stücke für Violine und Violoncello, zwei Klaviersonaten und ein Klavierquartett. Den wachsenden Erfolg ihres Bruders nimmt sie stolz und ohne Neid zur Kenntnis, kopiert zu Hause seine Noten, während er auf Konzerttournee ist, und berichtet ihm in langen Briefen nach Paris oder London von Familienalltag und Freizeitvergnügen – wozu auch das Baden in der Spree gehört –, vom Musikleben Berlins und den von ihr eingerichteten »Sonntagsmusiken«. Sie finden im elterlichen Haus,

dem Palais von der Recke in der Leipziger Straße 3 statt. Fanny spielt Zeitgenössisches, das sie nicht selten als matt und lahm empfindet und »im Durchspielen fast verschimmelte«, aber dann erholt sie sich bei den Motetten ihres geliebten Meisters. Sie kenne keinen eindringlicheren Prediger als den alten Bach, schreibt sie, »wenn er so in einer Arie die Kanzel besteigt und sein Thema nicht eher wieder verläßt, bis er seine Gemeinde durch und durch erschüttert oder erbaut und überzeugt hat«. Schon 1829 hatte sie sich zu der Wiederentdeckung und Aufführung der Matthäus-Passion durch ihren Bruder begeistert geäußert: »Wie alle Sänger schon von den ersten Proben ergriffen waren und mit ganzer Seele an das Werk gingen, wie sich die Liebe und Lust bei jeder Probe steigerte und wie jedes neu hinzutretende Element, Sologesang, dann Orchester, immer von Neuem entzückte und erstaunte, wie herrlich Felix einstudierte und die Proben von einem Ende zum Andern auswendig akkompagnierte, das sind lauter unvergessliche Momente.«
Trotz ihrer grenzenlosen Bewunderung für den Bruder entwickelt Fanny auch ein waches und zunehmend kritischeres Bewußtsein für die Schwachstellen seiner Kompositionen. Sie lebt in seinen Werken wie in ihren eigenen; so schreibt sie ihm am 17. 2. 1835 nach Düsseldorf, sie fände in seinen kleinen geistlichen Musiken eine Art von Gewohnheit, die sie »nicht gern Manier nennen möchte«, etwas Übereinfaches, aber nicht Natürliches. Im selben Brief mißt sie ihre eigene Kompositionstätigkeit mit nüchterner Selbsterkenntnis an der des Bruders: »Ich habe nachgedacht, wie ich eigentlich gar nicht excentrische oder hypersentimentale Person zu der weichlichen Schreibart komme? Ich glaube, es kommt daher, daß wir gerade mit Beethovens letzter Zeit jung waren, u. dessen Art u. Weise, wie billig, sehr in uns aufgenommen haben, u. die ist doch gar zu rührend u. eindringlich. Du hast das durchgelebt u. durchgeschrieben, u. ich bin drin stecken geblieben, aber ohne die Kraft, durch die Weichheit allein bestehn kann u. soll ... Es ist nicht sowohl die Schreibart an der es fehlt, als ein gewisses Lebensprinzip, u.

diesem Mangel zufolge sterben meine längern Sachen in ihrer Jugend an Altersschwäche, es fehlt mir die Kraft, die Gedanken gehörig festzuhalten, ihnen die nötige Consistenz zu geben. Daher gelingen mir am besten Lieder, wozu nur allenfalls ein hübscher Einfall ohne viel Kraft der Durchführung gehört.«
Nicht mangelnde Begabung zeigt sich in dieser selbstkritischen Beobachtung und dem Bekenntnis zur »kleinen Form«, sondern Unerfahrenheit und Unsicherheit. Typisch ein Schreiben Fannys an einen Freund und Musikverleger, der sie um eine Komposition gebeten hatte: »Hierbei erfolgt das Musikstück ... Verzeihen und rügen Sie alle darin vorkommenden weiblichen u. dilettantischen Pferdefüße, ein Dilettant ist schon ein schreckliches Geschöpf, ein weiblicher Autor ein noch schrecklicheres, wenn aber Beides sich in einer Person vereinige, wird natürlich das allerschrecklichste Wesen entstehn.« – Eine Demut, die fast schon kokett klingt, wenn man Umfang und Vielseitigkeit Fannys bisheriger Kompositionen betrachtet, die aber verständlich wird, wenn man bedenkt, wie wenig davon publiziert werden konnte. Erst kurz vor ihrem Tod gelingt es Fanny, einen Teil ihrer Lieder beim Berliner Musikverlag Bote & Bock zu veröffentlichen. Und wie leicht hätte sich Felix, inzwischen Leiter des Gewandhauses und des Konservatoriums in Leipzig, für sie einsetzen können!
Sie nimmt ihm die Zurückhaltung nicht übel. Sie nimmt ihm nichts übel, liebt ihn, so wie er ist, von Kindheit an, und daran ändert ihre Ehe mit dem zum königlichen Hofmaler avancierten Künstler Wilhelm Hensel nichts, den sie auch aufrichtig liebt. Kurz vor ihrer Heirat bekennt sie Felix, sie sei »glücklicher als ich je es zu werden dachte, denn ich träumte und fürchtete, eine solche Verbindung würde mich von Dir loßreißen, oder doch entfernen, u. es ist, wo möglich, gerade das Gegenteil ...« Selbst an ihrem Hochzeitsmorgen, dem 3. Oktober 1829, sind ihre Gedanken bei Felix in London, und sie beteuert ihm in einem Brief ihre immerwährende Verbundenheit: »... ich werde Dir morgen, und in jedem Moment meines Lebens dasselbe wieder-

holen können, und glaube nicht, Hensel damit Unrecht zu thun.« Auch die Musik solle in ihrer Ehe nicht zu kurz kommen, versichert sie Felix: »Habe ich nun erst ein gutes Stück im Ehestande gemacht, dann bin ich durch, und ich glaube an ein ferneres Fortschreiten.«
Zum Komponieren bleibt ihr nun allerdings wenig Zeit. Die Gartenwohnung im elterlichen Palais muß eingerichtet werden, der Sohn Sebastian wird nach einer schwierigen Schwangerschaft geboren, später folgen zwei Fehlgeburten. Aber statt seiner Schwester Mut zu machen, schreibt ihr Felix vorwurfsvoll: »Wenn ich mein Kind zu päppeln hätte, so wollte ich keine Partitur schreiben ... Aber im Ernst, das Kind ist noch kein halbes Jahr alt, und Du willst schon andere Ideen haben als Sebastian?«
– Sie hat andere Ideen. Geradezu euphorisch wagt sie sich nun auch an große Werke. Während ihr Mann in seinem Atelier malt und seine Schüler unterrichtet, schreibt sie einen Reigen für achtstimmigen Chor a cappella, eine Orchesterouvertüre, die Kantate »Hiob« und ein biblisches Oratorium. All diese Werke kommen bei den »Sonntagsmusiken« im elterlichen Palais unter ihrer Leitung zur Aufführung. Eine Notlösung zwar – Ersatz für öffentliche Konzerte – aber keine schlechte. Bettina von Arnim und Heinrich Heine, Franz Liszt und Clara Schumann sitzen im Publikum, und die Komponistin Johanna Kinkel bescheinigt Fanny nicht nur die Qualität der Kompositionen, sondern vor allem eine ungewöhnliche Intensität des Dirigierens.
1839 bricht Fanny gemeinsam mit Mann und Sohn für ein Jahr nach Italien auf, ins Land der Sehnsucht deutscher Künstler und ihrer eigenen Kinderträume. Doch sie fällt angesichts der antiken Ruinen und üppigen Vatikankirchen nicht in die übliche romantische Schwärmerei, davor bewahrt sie ihr nüchterner Verstand und das Heimweh nach dem ordentlichen Berlin. Trotzdem löst sie sich unter dem Einfluß französischer Freunde, ihres Verehrers Charles Gounod vor allem, langsam von ihren preußischen Wertvorstellungen, genießt die freiere Luft und Ungezwungenheit des Umgangs und die Komplimente, die

man ihr und ihrem Werk macht. Von dieser Wertschätzung läßt sie sich auch nach ihrer Rückkehr ins herbstlich trübe, politisch unruhige Berlin weiter beflügeln. Im eigenwilligen Zyklus »Das Jahr« schlägt sich Erinnerung an römische Lieblingsplätze und mediterrane Landschaft nieder, während das Italienjahr bei ihrem Mann keine Spuren hinterläßt. Er bleibt der königstreue Preuße mit konservativer Kunstauffassung, den Fontane in den »Wanderungen durch die Mark Brandenburg« so trefflich charakterisiert als »eine Verquickung von Derbheit und Schönheit, von Gamaschentum und Faltenwurf, von preußischem Militarismus und klassischem Idealismus ... die Seele griechisch, der Geist altenfritzisch, der Charakter märkisch«.

Fanny hat sich damit abgefunden, daß von Hensel und seinem Kreis keine Impulse ausgehen, sie lebt die letzten Jahre zurückgezogen in der Leipziger Straße und komponiert noch einige Arbeiten für Klavier. Am 14. Mai 1846 erleidet sie während der Probe zu einer Sonntagsmusik einen Gehirnschlag.

41 Jahre alt ist sie nur geworden. Mit ihrem plötzlichen Tod fällt das Familiengefüge auseinander, erst jetzt wird allen bewußt, wie sehr sie Mittelpunkt, Herz war. Wilhelm Hensel ist zu keiner Arbeit mehr fähig, vernachlässigt seinen Sohn und macht Schulden. Felix, vom Verlust der Schwester tief verstört, stirbt wenige Monate später und wird neben ihr auf dem Dreifaltigkeitsfriedhof bestattet. Er hinterließ ein schwermütiges Streichquartett in f-Moll für Fanny, der er in einem Brief an seinen Schwager Wilhelm späte Abbitte leistet:

»Du hast meine Schwester sehr glücklich gemacht, ihr ganzes Leben hindurch, so wie sie es verdiente. Das danke ich Dir heut, und so lange ich atme, und wohl noch darüber hinaus – nicht mit bloßen Worten, sondern mit bitterer Reue darüber, daß ich nicht mehr für ihr Glück getan habe, daß ich sie nicht mehr gesehen, nicht mehr bei ihr gewesen bin ... vielleicht können wir hier auf Erden, und dann immer mehr, derer würdig werden, die das beste Herz und den besten Geist hatte, den wir je gekannt und geliebt haben.«

Suppenlinas Volksküchen

Lina Morgenstern
(1830-1909)

Berlin, Potsdamer Bahnhof. Ein eisiger Januarmorgen des Kriegswinters 1870/71. Trotz der schneidenden Kälte auf den Bahnsteigen hektische Geschäftigkeit: ein Zug mit Frontsoldaten ist angesagt, Heimkehrern von den Schlachtfeldern in Frankreich. Der Deutsch-Französische Krieg nähert sich nach dem Sieg von Le Mans dem Ende, aber eine Siegesstimmung will nicht aufkommen, zu drückend sind die Bilder des Elends, die die durchreisenden Truppen hier tagtäglich bieten. Verwundete, Krüppel, Erschöpfte. Bahren werden bereitgestellt, Verbandszeug und warme Decken herangeschleppt, Töpfe mit dampfender Suppe. Mitten im Gedränge gibt eine kleine, unscheinbare Person mit resoluter Stimme Anweisungen an die Sanitäter, die Helferinnen und die wartenden Angehörigen: Lina Morgenstern. Niemand widersetzt sich, die gerade Vierzigjährige im schwarzen, schmucklosen Kleid, mit kleiner Nickelbrille und strengem Haarknoten strahlt eine selbstverständliche Autorität aus, die jedoch für eine Frau ohne Rang und Stand im Viktorianischen Zeitalter alles andere als selbstverständlich ist. Eine Autorität, die sie allein ihren eigenen Fähigkeiten, ihrer pragmatisch zupackenden Art, ihrem Organisationstalent und nicht zuletzt ihrer – in Berlin vielleicht mehr als anderswo geschätzten – spröden Herzlichkeit verdankt. Und ihrem zähen Durchhaltewillen: Seit Monaten betreut sie die heimkehrenden und durchziehenden Soldaten auf Bahnhöfen und in eilig hergerichteten Massenquartieren. Sie schläft mit ihren freiwilligen Helferinnen in Lagerschuppen oder in Waggons auf dem Güterbahnhof, zwischen Erbsen- und Kartoffelsäcken, dem sorgsam gehüteten Vorrat für die Truppenspeisungen, für die man ihr die Verantwortung übertragen hat.
Nicht von ungefähr. Lina Morgenstern hat große Erfahrung im Organisieren und im Umgang mit Menschenmassen. Vier Jahre zuvor hat sie in Berlin die Volksküchen gegründet, eine bald weithin bekannte und nachgeahmte Institution, die ihr im Volksmund den liebevoll-schnoddrigen Spitznamen »Suppenlina« einbrachte. Dieser Volksküchengründung lag nicht ein

theoretisches oder ideologisches Konzept zugrunde, sondern die ganz praktische Überlegung, wie der im Kriegsjahr 1866 von der Verknappung und Verteuerung der Lebensmittel schwer betroffenen Berliner Bevölkerung am wirkungsvollsten zu helfen sei. Der Preußisch-Österreichische Krieg hatte die Wirtschaft und die aufkommende Industrie stark zurückgeworfen, die in die Höhe schnellenden Preise und die verschlechterten Arbeitsmöglichkeiten konnten nach Meinung Lina Morgensterns nur durch einen preisgünstigen Großeinkauf von Lebensmitteln und Massenherstellung von Mahlzeiten aufgefangen werden. Warum also nicht eine billige öffentliche Volksspeisung aus einer Zentralküche? Keine Armenspeisung als gnädig gewährtes Almosen, sondern Abgabe der Mahlzeiten zum Selbstkostenpreis, wobei die Küchen- und Ausgabearbeit von ehrenamtlichen Helferinnen übernommen wurde.
Die Idee fand Anklang, zumal Lina Morgenstern einflußreiche Fürsprecher gewinnen konnte: Dr. Adolf Lette, der gerade den »Verein zur Förderung der Erwerbsfähigkeit des weiblichen Geschlechts« gegründet hatte, und Professor Virchow, nicht nur Arzt und Forscher, sondern auch Mitglied des preußischen Abgeordnetenhauses und des deutschen Reichstages. Die Vossische Zeitung machte sich zum Sprachrohr der Volksküchenbewegung und rief »die Mitbürger Berlins« zu Spenden auf. In kürzester Zeit kam das Gründungskapital von 4359 Talern und 15 Groschen zusammen, weitere Beiträge mußten nicht erhoben werden, da die Küchen sich bald selbst trugen. Die erste wurde am 9. Juli 1866 geöffnet, nach und nach kamen in allen Stadtteilen Berlins weitere Speiselokale dazu, dabei konnte man auf Leipziger Erfahrungen aufbauen, wo schon seit 1849 eine Volksküche bestand: »Pro Kopf wird durchschnittlich ein Liter Gemüse in Bouillon gekocht und ca. $1/12$ kg Fleisch gegeben, die Preise dafür schwanken zwischen 15 und 25 Pf., sogen. halbe Portionen reichen für die Ernährung von Frauen und Kindern vollkommen aus.« Ein Napf Löffelerbsen mit Speck kostete 20 Pfennig, Milchreis mit Zimt und Zucker 10 Pfennig.

Während anfänglich das Essen im Henkelmann abgeholt wurde, ging man mehr und mehr dazu über, Suppenstuben wie die Strousbergsche in der Dorotheenstraße mit langen Holztischen und - bänken einzurichten, wo sich mittags nicht nur Arbeiter und Arbeitslose einfanden, sondern auch ganze Familien. Das gab Anlaß, Lina Morgenstern öffentlich anzugreifen. Sie zerstöre das häusliche Familienleben und leiste der Faulheit der Frauen Vorschub, warf man ihr vor – keine stichhaltigen Argumente, wenn man bedenkt, daß es nicht um Hausfrauen des Mittelstands, sondern um Arbeiterinnen aus den Hinterhöfen ging, die ohnehin weder die Zeit noch das Geld hatten, selbst eine gesunde und nahrhafte Familienmahlzeit zu kochen. Nicht die Volksküchen, wohl aber die sozialen Verhältnisse müßten verändert werden, forderte Suppenlina denn auch.
Daß in den Volksküchen Berlins, für die Kaiserin Augusta das Protektorat übernommen hatte, täglich Tausende von Bedürftigen preiswert verköstigt wurden, daß den Damen der gehobenen Gesellschaft, denen eine Berufstätigkeit ja verwehrt war, sich hier ein sinnvolles Betätigungsfeld eröffnete, all das war Lina Morgenstern noch zu wenig. Die Not und die planerische Hilflosigkeit der Arbeiterinnen auf der einen Seite, die vielen brachliegenden Kräfte bei den bürgerlichen Frauen auf der andern, veranlaßten sie, nach immer neuen Möglichkeiten der Ausweitung weiblicher Sozialaktivitäten zu suchen. Dabei ging es ihr nicht um huldvoll gewährte Zugeständnisse, wohl aber um einzufordernde Rechte: »Wir Frauen brauchen nicht Gnade, sondern Gerechtigkeit.«
Sie war eine Frau der Tat, nicht der großen Parolen und Postulate. Packte zu, wo es notwendig war, koordinierte, kämpfte. Den theoretischen Überbau überließ sie anderen, sie fühlte sich für die praktischen Belange zuständig. So gründete sie in Berlin eine Mägdeherberge, wo die Dienstboten vom Land erst einmal unterkommen konnten. Sie kümmerte sich um die hauswirtschaftliche Ausbildung schulentlassener Mädchen ebenso wie um die Erziehung strafentlassener Minderjähriger, die sie in einer

landwirtschaftlichen Industrieschule unterbrachte. Gemeinsam mit Louise Otto-Peters rief sie einen Arbeiterinnenbildungsverein ins Leben, und der »Engelmacherei« versuchte sie Einhalt zu gebieten, indem sie einen Kinderschutzverein gründete, der sich der Kinder lediger mittelloser Mütter annahm.
Ihre bedeutendste Initiative, neben der Volksküchenbewegung, ist wohl die Gründung des Berliner Hausfrauenvereins im Jahre 1873. Einer zahlenstarken Bevölkerungsgruppe wollte sie damit eine Lobby schaffen, aber auch praktische Hilfestellung bei der Haushaltführung geben. So gliederte sie dem Verein eine Kochschule und eine Dienstbotenvermittlung an. Daß sie das Vereinsorgan, die »Deutsche Hausfrauenzeitung« während dreißig Jahren redaktionell betreute, überrascht in doppelter Hinsicht. Zum einen, weil ihr, wie sie immer wieder betonte, das Schreiben weniger lag als das Handeln, zum andern, weil sie sich von fast all ihren Projekten dann löste, wenn sie sicher auf eigenen Füßen standen und ihrer nicht mehr bedurften.
Lina Morgenstern als Impulsgeberin, als Motor. Das Neue, das Ausloten von Möglichkeiten forderte sie heraus, ohne den geringsten Anflug von Abenteurertum allerdings. Als »regsamen Gegenwartsmenschen mit humanitären Idealen, liberaler Gesinnung und einem überkonfessionellen Moralismus« charakterisiert Helene Lange sie später.
Regsam und findig war sie schon immer gewesen, wenn es um das Organisieren von Hilfsbereitschaft ging. Mit 18 gründete die Breslauer Fabrikantentochter in ihrer Geburtsstadt einen »Pfennigverein zur Bekleidung armer Schulkinder«, mit 29, schon in Berlin, den »Verein zur Förderung des Fröbelschen Kindergartens«. Lina Morgenstern, geborene Bauer, war ihrem Mann, einem aus Rußland emigrierten, nun vermögenslosen Kaufmann, nach Berlin gefolgt, und sie scheute sich nicht, durch Gelegenheitsarbeiten zum Familienunterhalt beizutragen. Erstaunlich, wie rasch die Zugereiste sich in der preußischen Hauptstadt einlebte, wie sicher sie die Arbeitsfelder fand, die ihren Fähigkeiten entsprachen, und wie selbstverständlich sich

Gleichgesinnte um die unauffällige Frau, der man gar kein Charisma zutraut, scharten. Ihre handfest zupackende Art, das Ärmelhochkrempeln im richtigen Augenblick, mag den Berlinern in besonderer Weise imponiert haben.
Daß die schon legendäre Suppenlina ohne ihr Zutun mit immer mehr Aufgaben betraut wurde, konnte nicht ausbleiben. Sie wurde in den Vorstand des Allgemeinen Deutschen Frauenvereins gewählt und mischte mit, als sich 1894 der Bund Deutscher Frauenvereine konstituierte. 1896 berief sie, geradezu kühn, einen Internationalen Frauenkongreß nach Berlin ein, den ersten, der auf deutschem Boden stattfand. Hier wurde nicht nur über Frauenbewegung und allgemeine Frauenfragen diskutiert, sondern auch über das Thema, das Lina Morgenstern immer stärker beschäftigte: Weltfrieden. Unter dem Einfluß von Bertha von Suttners Roman »Die Waffen nieder!« und in Erinnerung an all die Verwundeten und Krüppel, die sie im Kriegswinter 1870/71 auf den Bahnhöfen betreut hatte, setzte sie sich mit zunehmender Leidenschaft für eine internationale Friedensbewegung ein. Das brachte ihr auch über die Grenzen Deutschlands hinaus Achtung und Ansehen – aber keinen Erfolg. Ihre Tragik war, daß der Zeitgeist ihre Appelle überrollte. Das Pathos des vaterländischen Aufbruchs wirkte stärker als ihre glanzlosen Worte der Vernunft.
Den Ausbruch des Ersten Weltkriegs hat sie nicht mehr erlebt. Sie starb am 19. Dezember 1909 in Berlin im Alter von 79 Jahren, ohne Resignation, immer noch in der Überzeugung, daß eines Tages ein Zusammenleben in einer Welt ohne Krieg möglich sein müsse.

Von der Friedrichstraße zum Parnaß

Hedwig Dohm
(1833–1919)

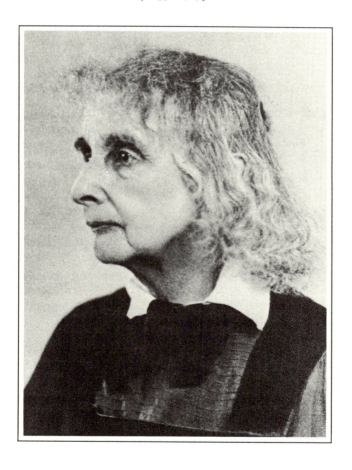

Es gibt seit den zwanziger Jahren eine Hedwig-Dohm-Schule in Berlin. Aber wer kennt Hedwig Dohm? Kaum einer unter den Schülern, das zeigt eine Umfrage. Im Frauenzentrum weiß man besser Bescheid: Feministin, Pazifistin war sie; als Vorausdenkerin groß im Formulieren griffiger Parolen, ist sie zu einer Symbolfigur der Frauenbewegung geworden. Ihre Schriften, etwa »Die wissenschaftliche Emancipation der Frau« (Berlin 1873/ Zürich 1977) oder »Die Antifeministen« (Berlin 1902/Zürich 1976) werden als Reprints gelesen und sind von erstaunlicher Aktualität. Ideenreich und mit spitzer Feder – ihre weibliche Waffe – kämpft sie für die Rechte der Frau und fordert schon 1873, als noch Mut dazugehört, erstmals in Deutschland öffentlich das Frauenstimmrecht. Sie weiß, daß sie damit Gespött und bissige Attacken der Männerwelt auf sich zieht, sie kontert furchtlos mit messerscharfer Argumentation und wortschöpferischer Phantasie. »Herrenrechtler«, »Amazonentöter« oder »Ritter von der traurigen Gestalt« nennt sie ihre Gegner, weder von Politikern noch Professoren und Pastoren läßt sie sich in die Enge treiben. An den mit wissenschaftlichem Anspruch formulierten Theorien von der biologischen und geistigen Minderwertigkeit der Frau spürt die Autodidaktin, die mit fünfzehn die Schule verlassen mußte, mit sicherem Instinkt und verblüffender Logik die Schwachstellen auf, so in der Schrift des Leipziger Arztes Paul Julius Möbius »Über den physiologischen Schwachsinn des Weibes«, die 1900 in Halle erschien und mit neun Auflagen noch vor dem 1. Weltkrieg zum Bestseller wurde.
Einen verhängnisvollen Zirkelschluß deckt die Autorin der »Antifeministen« dabei auf: »Man verwehrt den Frauen Gehirnarbeit, entzieht ihnen die Möglichkeit, Willens- und Tatkraft zu üben, und nähern sie sich dann in ihren schwächeren Exemplaren – auf dem Wege der Anpassung – dem Schafsideal, so ruft man triumphierend: ›Seht da – die Natur des Weibes!‹« – Dieser Automatik entgegenzusteuern, ist ihr lebenslanges Anliegen. Gleiche Ausbildungsmöglichkeiten für Mädchen verlangt sie deshalb, Selbstbestimmung des Lebenswegs, kurz: Emanzipa-

tion auf der ganzen Linie. Dies ist die Hedwig Dohm, die man in Frauenzirkeln kennt.

Die andere, die zurückgezogen lebende Hausfrau und Mutter von fünf Kindern, die in der Öffentlichkeit schüchtern-schweigsame, hochsensible Gefährtin des Kladderadatsch-Redakteurs Ernst Dohm (der führenden politisch-satirischen Zeitschrift im damaligen Berlin) tritt im Bewußtsein der Nachwelt zurück. Sie habe zeitlebens eine große Scheu vor Lärm und Menschenmengen, vor Versammlungen und Reden auf dem Podium gehabt, berichtet ihre Biographin Hedda Korsch und weist gleichzeitig auf Hedwig Dohms eigentliche Stärke hin: »Sie war ein mutiger Angreifer auf dem Papier.« Minna Cauer, die profilierte Berliner Frauenrechtlerin der Jahrhundertwende, bestätigt dies, wenn sie in einem Geburtstagsgruß für Hedwig Dohm schreibt: »Sie hat nie das Podium bestiegen, um durch Reden ihre Grundsätze zu vertreten, aber sie hat durch ihre Schriften großartig gewirkt... Kaum glaubt man es, wenn man diese zarte Erscheinung sieht, daß der darin lebende Geist solcher wuchtigen Waffen fähig ist.« Was die schon fast vierzigjährige Hausfrau Hedwig Dohm letztlich bewogen hat, nach dem Flüggewerden ihrer Kinder – sie hatte mit neunzehn geheiratet – ihre scharf pointierten Pamphlete gegen die Männerwelt zu schreiben, kann nur vermutet werden, sie hat sich über ihr eigenes Ehe- und Familienleben kaum schriftlich geäußert. Dies steht in seltsamem Gegensatz zu ihrer auch durch Selbstzeugnisse reich dokumentierten Kindheit. Es mag sein, daß sie der – viel später von Ingeborg Bachmann vehement vertretenen – Überzeugung war, die Kindheit und Jugendzeit sei das eigentliche Kapital eines Schriftstellers, alle späteren Erfahrungen brächten keine neuen Erkenntnisse mehr. Sicher sind, neben dem sozialen Engagement und ihrem ausgeprägten Gerechtigkeitssinn, Erlebnisse der Kindheit sie drängende Schreibimpulse. So arbeitet sie im Roman »Schicksale einer Seele« (Berlin 1899) ihre frühen Jahre auf. – Ihre Romane haben übrigens, im Gegensatz zu den Kampfschriften, Patina angesetzt und sind heute nur mehr schwer lesbar.

Die Kindheit bleibt für Hedwig Dohm zeitlebens eine belastende Hypothek. Am 20. September 1833 wird dem Berliner Tabakfabrikanten Schleh – seinen jüdischen Namen Schlesinger hatte er abgelegt und sich taufen lassen – das elfte Kind geboren, ein Mädchen nur, man macht deshalb von der Geburt nicht viel Aufhebens. Die kleine Hedwig, schmächtig und weinerlich, wird einer Amme in Obhut gegeben, die Mutter, die sie ständig schwanger in Erinnerung hat, bleibt ihr fremd. Niemand, zu dem sie Zutrauen fassen könnte, den Vater bekommen die Kinder nur selten zu Gesicht. Hedwig fühlt sich verlassen inmitten der wuselnden Kinderschar, nicht angenommen. Sie ist die Verstockte, Furchtsame, der Sündenbock für die Untaten der Geschwister. Sechzehn Kinder am Familientisch, zwei sind früh gestorben, und eine ständig überforderte und gereizte Mutter, die für das schüchterne, ernste Mädchen nie Zeit hat, und die es nicht versteht, eine Atmosphäre der Geborgenheit im Haus zu schaffen, obwohl die Familie materiell gutgestellt war. Unter dieser Kälte leidet Hedwig mehr als unter den Schlägen der Mutter. »Ich war ein leidenschaftlich unglückliches Kind, ein verkanntes, ein Kind ohne Mutterliebe. Einsam unter siebzehn Geschwistern«, schreibt sie später in ihren Jugenderinnerungen, die allerdings auch heitere Begebenheiten enthalten, weniger an die Familie als an die Berliner Umgebung geknüpft. Die sommerlichen Landpartien zu den legendären Gartenlokalen etwa: »In großen Kremsern ging's nach Tegel, den Pichelsbergen, Charlottenburg, Treptow, wo die Mamas wahr und wahrhaftig den Kaffee selbst kochen.« Erinnerungen an große, braune Bunzlauer Kaffeekannen, an rosinenreiche Napfkuchen und Schokoladensuppen, an saure Milch, dick mit Zucker und geriebenem Brot bestreut, im Sommer und im Winter an Bratäpfel in der Ofenröhre.

Neben diesen harmlosen Vergnügungen gibt es Szenen, die sich im Kopf des heranwachsenden Mädchens fest einprägen, die Gedanken in bestimmte Bahnen lenken. Schlüsselerlebnisse. Erfahrungen aus dem Familienalltag: »Meine acht Brüder schlitterten auf dem zugefrorenen Rinnstein, schneeballten sich, keilten sich gräßlich untereinander, waren faul in der Schule und wuschen sich am liebsten gar nicht ... Die Mädchen, die saßen möglichst still, sittsam, machten Handarbeiten in den Feierstunden, von der mühsamen Perlen- und Petit-point-Stickerei bis zum ekligen Strumpfstopfen herunter.« Die unterschiedliche Erziehung von Jungen und Mädchen, die mindere Behandlung, der geringere Spielraum des weiblichen Geschlechts – ihr späteres lebenslanges Thema.

Ein weiteres, sie aufwühlendes Erlebnis: die Revolution von 1848, die sich in Berlin bis in den Straßenalltag hinein auswirkt. Wegen der Unruhen verbietet man ihr und den Geschwistern, das Haus zu verlassen. Sie tut es trotzdem, gerät in eine protestierende aber unbewaffnete Studentengruppe, die, mit schwarz-rot-goldenen Schärpen und Kränzen aus Eichenlaub geschmückt, patriotische Lieder singend, den berittenen Truppen entgegenzieht. Diese eröffnen das Feuer, Panik entsteht, die meisten der Aufständischen flüchten, einige sinken verwundet zu Boden, ein junger Student stirbt auf dem Straßenpflaster, direkt vor ihren Füßen. Das ist der Augenblick, sie ist erst fünfzehn, wo sich in ihr die Überzeugung festsetzt, daß Gewalt kein Mittel zur Konfliktlösung sein kann. Der Augenblick der Weichenstellung für ihre spätere pazifistische Haltung, die sie konsequent beibehielt bis zu ihrer 1917 veröffentlichten Anklageschrift »Der Mißbrauch des Todes«, in der sie den Krieg verdammt. Auch ihr allerletztes schriftliches Zeugnis, die Betrachtung »Auf dem Sterbebett« richtet sich gegen Krieg und Heldentod und ist – ganz entgegen ihrer sonstigen Lebenseinstellung – von Resignation und dem Gefühl der Absurdität allen Seins gekennzeichnet. Eine Greisin, die sich zutode lacht, die an ihrem Lachen erstickt, wird da geschildert – ein Bild wie von Goya oder Grosz. Die Vossische Zeitung veröffentlichte den Beitrag am 7. Juni 1919, drei Tage nach Hedwig Dohms Tod, in der Einleitung hatte sie sich noch als »todessehnsüchtige, fast achtundachtzigjährige Greisin« bezeichnet.

Dies muß für sie eine bittere Einsicht gewesen sein, denn ihr ganzes vorangegangenes Leben war geprägt von vitaler Jugendlichkeit, und es war geradezu ein Phänomen, daß sie mit zunehmendem Alter immer jünger, immer progressiver, immer zukunftsgerichteter wurde. Sie dachte ihrer Zeit, in der sie sich nie heimisch gefühlt hat, weit voraus. Diese Zeit, die sie als sacht und zahm, als Zeit ohne Jugend, ohne Rausch sah: »Eine Zeit wie für alte Leute.« Und alte Leute, die mit dem Leben abgeschlossen haben, flößen ihr Angst ein, fast hektisch jagt sie der Jugend, der Kraftfülle hinterher: »Das Alter ist ein Feind, kämpfe! Andauerndes Schaffen mit Hand oder Kopf hält jung, weit über die Jahre hinaus. Untätigkeit ist der Schlaftrunk, den man dir, alte Frau, reicht. Trink ihn nicht, sei etwas! Schaffen ist Freude, und Freude ist fast Jugend!« Dies ruft sie ihren Geschlechtsgenossinnen 1903 in der Schrift »Die Mütter« zu.
Kritisch und energisch, rege und gleichzeitig von in sich versunkener Nachdenklichkeit, so malte sie Lenbach im Jahre 1894, da war sie 61 Jahre alt und hatte noch ein gutes Viertel ihres Lebens vor sich. Das Porträt blieb in Familienbesitz, und der Urenkel Golo Mann beschreibt in seinen Erinnerungen, wie er sich vom Blick der Urgroßmutter ständig belauert fühlte, wenn er als Kind im großelterlichen Haus weilte. Er fürchtete sich vor den »großen durchbohrenden Märchenaugen, so wie sie waren oder wie Lenbach sie hatte sehen wollen«.
Märchenaugen. Auch die Enkelin Katia, Thomas Manns Frau, sieht in Hedwig Dohm eine wahrhafte Märchenprinzessin, sehr klein und sehr zart. Etwas Märchenhaftes muß der »Little Grandma«, wie Thomas Mann sie nennt, angehaftet haben, etwas elfenhaft Hexisches. Dabei war märchenhaft in ihrem Leben höchstens der Aufbruch aus der antimusischen Bürgerlichkeit der Friedrichstraße in das intellektuelle, weltoffene Milieu des Dohmschen Hauses. Hier gingen Frauenrechtlerinnen wie Helene Lange, Alice Salomon und Lily Braun aus und ein, berichtet die Enkelin Hedda Korsch, doch auch Dichter: Maximilian Harden und Else Lasker-Schüler, Theodor Fontane,

der Hedwig Dohms dramatische Werke wohlwollend rezensierte, und Fritz Reuter, der Begleiter auf Ferienausflügen. Nicht zu vergessen Franz Liszt, der die Dohmschen Töchter auf Bällen »chaperonierte«. Eine Welt, in die sich das Aschenputtel Hedwig als Kind nicht hineinzuträumen gewagt hätte. Die kindlichen Träume reichten nur bis zu Mignon, der sie sich verwandt fühlt, und später zu Heines Insel Bimini, wo das Glück sie erwarten würde. Eine Traumglückseligkeit, aus der sie Kräfte schöpfte und deren Gefahr sie gleichzeitig sah. So schreibt sie in den »Kindheitserinnerungen einer alten Berlinerin«: »Die grübelnden Träumer, das sind die Menschen, die nie zu Taten reifen. In ihren Gedankenschöpfungen möglicherweise Revolutionäre, Umstürzler, die kühn und frech am Weltbau rütteln, in Wirklichkeit nicht das kleinste Steinchen zu bewegen die Kraft haben. Blutlose Feiglinge dem Leben gegenüber – wie ich.«
Es sind diese Gedankenburgen ohne in der Praxis gemauertes Fundament, auf die Helene Lange, die kritische Beobachterin und streckenweise Rivalin Hedwig Dohms, anspielt, wenn sie deren Werk und Wert so zusammenfaßt und einordnet: »Für die deutsche Frauenbewegung ist keine geistreichere Feder geführt worden als die von Hedwig Dohm, aber ihre Bedeutung liegt mehr in der Augenblickswirkung einer glänzenden Persiflage, als in der Mitarbeit an der Theorie, aus der die Frauenbewegung sich selbst immer besser zu rechtfertigen lernte.«
Träumerin und Weltfremde, sarkastische Spötterin und streitbare Amazone, schließlich häuslich umsichtige Familienmutter – all das ist Hedwig Dohm, eine Frau, die sich nie auf einen Nenner bringen läßt. Friedrichstraße *und* Parnaß. Wenn sie schreibt: »Aus der spießbürgerlichen Wohnung, Friedrichstraße 235, nahe dem Halleschen Tor, ritt ich mit Bravour hinauf zum Parnaß«, war sie doch weder da noch dort richtig heimisch. Sie lebte in der falschen Zeit: »Zu früh und zu spät war ich geboren. Zu spät für die Romantikerzeit, der ich mich wahlverwandt fühle, zu früh, viel zu früh für die Zeit, in der jetzt meine Enkelinnen mein Leben leben...«

Ärztliche Hilfe für 10 Pfennig

Franziska Tiburtius
(1843-1927)

Am 28. November 1900 sitzt im Moabiter Gerichtssaal eine 57jährige Frau auf der Anklagebank: Dr. med. Franziska Tiburtius. Ihr wird »unbefugte Führung des medizinischen Doktortitels« vorgeworfen, die anonyme Anzeige hatte wahrscheinlich ein mißgünstiger Kollege erstattet. Eine peinliche Angelegenheit – aber mehr für das Gericht als für die Angeklagte, die ihren Doktorgrad in Zürich rechtmäßig erworben hat und seit fast 25 Jahren in Berlin erfolgreich praktiziert. Sie erinnert sich später, wie sie in der Verhandlung ihr Diplom vorlegen muß, der Staatsanwalt drei Mark Konventionalstrafe beantragt: »Staatsanwalt, ein ganz junger Herr, und Vorsitzender, sehr höflich. Schöffen – ehrsame Handwerker – blicken mit weiser Miene in das Diplom, nach kurzer Beratung – Freispruch.« – Eine Farce mit ernstem Hintergrund. Jahrzehntelanges zähes Ringen um Anerkennung und Gleichberechtigung als Frau in Ärztekreisen war dem vorausgegangen, und noch war der Kampf nicht völlig ausgestanden, noch verhielten sich Presse und Öffentlichkeit weiblichen Ärzten gegenüber reserviert, noch löste der Gedanke an Frauen im Operationssaal ungeheure Heiterkeit im Reichstag aus.
Eine Situation, die Franziska Tiburtius an den Beginn ihrer Laufbahn, an die erste anatomische Vorlesung in der Universität Zürich im Jahre 1871 erinnert. Da in Deutschland Frauen noch nicht zum Universitätsstudium zugelassen waren, mußte sie – wie es auch Ricarda Huch oder Rosa Luxemburg getan haben – den Weg über Zürich wählen, aber einfach war es für sie und ihre Kommilitonin Emilie Lehmus, die beiden ersten deutschen Medizinstudentinnen hier, auch nicht: »Es war unter den Studenten bekannt geworden, daß die Frauenzimmer zum erstenmal kommen würden. Als wir eintraten, war der Saal dicht gefüllt, auch von den anderen Fakultäten zahlreiche Mitläufer, und es erhob sich ein wüster Lärm, Schreien, Johlen, Pfeifen usw.; da hieß es ruhiges Blut behalten...«
Ruhig Blut mußte die junge Lehrerin, die es sich in den Kopf gesetzt hatte, Ärztin zu werden, noch oft bewahren. Es kam ihr dabei zugute, daß sie – von einem Gutshof auf Rügen stammend

und als ältestes von neun Geschwistern aufgewachsen – Besonnenheit und Beharrlichkeit, hartes Arbeiten und selbständiges Handeln früh gelernt hatte. Nach einem glanzvollen Studienabschluß in Zürich und einer Volontariatszeit an der Frauenklinik in Dresden zog es sie nach Berlin, wo ihr Lieblingsbruder, der sie zum Medizinstudium ermuntert hatte, als Oberstabsarzt tätig war. Er hatte einige Jahre zuvor Henriette Hirschfeld, die erste Zahnärztin Deutschlands, geheiratet, die ihre Examen an der Universität Philadelphia abgelegt hatte und nun – eine Pioniertat in Berlin – ein »Zahnärztliches Atelier für Frauen und Kinder« führte. In ihrem Haus fand Franziska herzliche Aufnahme und Unterstützung im Kampf gegen Behörden und Paragraphen.
Der Versuch, eine Approbation als Ärztin oder wenigstens die Zulassung zum deutschen Staatsexamen zu erlangen, erwies sich als aussichtslos, alle Gesuche und Bittschriften bis hinauf ins Reichskanzleramt wurden abgelehnt. Man wollte keinen Präzedenzfall schaffen. Aber es war weniger das ausländische Examen, dem man mißtraute, als der allgemeine Zweifel an der Befähigung der Frauen zum Arztberuf. Ihre schwächere Konstitution wurde angeführt, ihr Zart- und Schamgefühl, das im Seziersaal Schaden nehmen könnte, ihre intellektuelle Minderbegabung – hatte doch ein Professor Bischoff bei Frauen eine wesentlich geringere Gehirnmasse festgestellt und daraus gefolgert, sie seien zum Studium ungeeignet.
Franziska Tiburtius greift zur Selbsthilfe. Bringt neben der Haustür – sie wohnt bei Bruder und Schwägerin in einem Eckhaus Friedrichstraße/Schützenstraße – gut sichtbar ein Emailleschild an: »Dr. med. Franziska Tiburtius« und wartet, ob ein Einspruch der Behörde kommt. Nichts geschieht, obwohl das Schild beträchtliches Aufsehen erregt und neben echten Patienten auch Neugierige anlockt. Jeder will die erste Ärztin Berlins sehen, das von den Witzblättern karikierte »Weib im weißen Kittel«. Der »Kladderadatsch« zeigt zwei sich um einen wehrlosen Patienten raufende Ärztinnen, Dr. Romulus und Dr. Remus, eine Anspielung auf Franziska Tiburtius und ihre Studiengefährtin und enge

Mitarbeiterin Dr. Emilie Lehmus. – Die beiden lassen sich nicht entmutigen, planen zusätzlich zu ihrer Gemeinschaftspraxis die Einrichtung einer Poliklinik für die ärmere Bevölkerung in den Arbeitervierteln im Norden Berlins.
Die fehlenden Praxisräume beschafft die Schwägerin Henriette, die einen ihrer Patienten, einen reichen Industriellen, von der Wichtigkeit dieses Projektes überzeugt – mit nicht ganz fairen Mitteln, wie sich Franziska Tiburtius erinnert: »Frau Henny verstand sich gut darauf, mit Gewandtheit und anscheinender Unabsichtlichkeit ein Gespräch dahin zu lenken, wo sie es haben wollte, und als der Herr, einen Gummiknebel im Mund, die zu bearbeitenden Vorderzähne in Gummi eingespannt, vollständig unfähig zu einem Wort der Widerrede, unter ihren Händen dasaß, wurde ihm der Plan dargelegt und vorgestellt, wieviel Gutes für die Frauen jenes Stadtteils aus einer solchen Anstalt hervorgehen würde und welch großes Verdienst er sich erwerben könne.« Was blieb dem Mann anderes übrig, als in einem seiner Häuser in der Alten Schönhauser Straße eine Wohnung zur Verfügung zu stellen. Erdgeschoß, zum Hof hin, halbdunkel, aber immerhin: der Beginn der ersten Poliklinik Berlins mit weiblichen Ärzten.
Gleich in die erste Sprechstunde kamen zwölf Arbeiterfrauen, und es wurden täglich mehr. Die beiden Ärztinnen arbeiteten bis in die Nacht hinein, schließlich mußte die Zahl der Behandlungen auf 40 pro Tag limitiert werden. Die Tüchtigkeit der Doktorinnen sprach sich schnell herum, Patienten kamen auch aus anderen Stadtteilen und auch aus der bürgerlichen Schicht. Eine Konsultation kostete 10 Pfennig, die Einkünfte deckten nicht einmal die Auslagen für Licht und Heizung, aber mehr konnte den Hinterhofpatienten nicht abgefordert werden, und eine allgemeine Kranken- und Sozialversicherung gab es noch nicht.
Die 1878 so bescheiden gegründete Poliklinik weitete sich immer mehr aus. 1890 kam eine dritte Ärztin dazu, Dr. Agnes Bluhm, eine ebenfalls in Zürich ausgebildete Chirurgin. Die Arbeit war

auch jetzt kaum zu bewältigen. 20 000 Patientinnen wurden bis 1896 behandelt. Dringendstes Bedürfnis war die Einrichtung einer Pflegestation, auf der kranke Frauen, herausgenommen aus dem häuslichen Elend, längere Zeit klinisch betreut werden konnten. Aus einer Mansarde mit drei Betten entwickelte sich allmählich die erste »Klinik weiblicher Ärzte« an der Karl-Schrader-Straße, ein Modell, das weit über Berlin hinaus bekannt wurde.
Aber noch immer waren die Ärztinnen rechtlich ihren männlichen Kollegen nicht gleichgestellt, sie wurden mit den Naturheilkünstlern, Kurpfuschern und Wunderheilern unter die »Heilkundigen« eingereiht, denen die preußische Gewerbeordnung zwar erlaubte, Kranke zu behandeln, für die es aber keine qualifizierte Ausbildungsmöglichkeiten gab. Die notgedrungen im Ausland erworbenen Titel galten bei Behörden und in Ärztekreisen wenig. Als Professor Virchow, dem berühmten Mediziner, zu Ohren kam, daß Dr. Tiburtius und Dr. Lehmus einen Winterkurs über Gesundheitslehre am Viktoria-Lyceum halten sollten, trat er aus Protest über die »unqualifizierten« Kolleginnen aus dem Kuratorium der Schule aus. Es gab auch weiterhin Anzeigen wegen »falscher Doktortitel«, ein Universitätsprofessor reichte gar eine Massenklage gegen alle in Berlin ansässigen Ärztinnen mit ausländischem Diplom ein. Daß ihnen gerichtlich auferlegt wurde, hinter ihrem Dr. med. den Zusatz »d. Univ. Zürich« zu setzen, gereichte Franziska Tiburtius nicht zum Schaden. Ihre Patientinnen vermuteten in dem langen Titel eine besonders ehrenvolle Auszeichnung.
Der Druck auf die Regierung, Frauen zum Universitätsstudium zuzulassen, wurde, nicht nur in Berlin, immer stärker. Druck aus progressiv-emanzipatorischen Kreisen, aber auch von konservativer Seite. Frauen sollten sich nicht »dem empörenden Notzwange fügen, ihren kranken Körper der Behandlung des männlichen Arztes zu überlassen«, schrieb Gustav Dahms 1894 in der Zeitschrift »Die Frau«. Petitionen wurden von 55 018 Antragstellern im Reichstag eingebracht, darunter von 147 männlichen

Ärzten. Das scheinbar großzügige Projekt einer Frauenuniversität wurde von Franziska Tiburtius heftig abgelehnt. Sie wollte keine Schmalspurausbildung für höhere Töchter, sondern gleiche, auch gleich harte Bedingungen wie die männlichen Kommilitonen.

1898 wurden die Frauen zu deutschen Staatsprüfungen zugelassen, zwei Jahre später studierten in Berlin 25 Medizinstudentinnen, die höchste Zahl an einer deutschen Universität. Aber da hatte Franziska Tiburtius schon seit einem Vierteljahrhundert, erfolgreich auch ohne Approbation, ihre Praxis und Klinik geführt und damit eine Bresche für ihre Nachfolgerinnen geschlagen. 1907, mit 64 Jahren, räumte sie ihren Platz jüngeren Kolleginnen. Ihr zu Ehren hatten Freunde und Patienten einen Fonds eingerichtet, die Franziska-Tiburtius-Stiftung, mit deren Hilfe noch mehr unbemittelten Patientinnen klinische Behandlung ermöglicht werden sollte. So blieb ihr Name, und nicht nur ihr Name, der Klinik verbunden.

Sie selbst hatte nun zum ersten Mal in ihrem Leben etwas Zeit, auch für private Dinge, und sie erfüllte sich ihre langgehegten Fernwehträume: ein Winter in Rom, fünf Monate Nordamerika, eine Fahrt durch Spanien und Nordafrika, Reisen nach Ägypten und Palästina. Und dann, wieder in Berlin, die Reise in die eigene Vergangenheit, der Rückblick auf ein tätiges Leben, zusammengefaßt in den »Erinnerungen einer Achtzigjährigen«: die Jugend auf Rügen, die Studienzeit in Zürich, das Heimischwerden in Berlin. Das langsame Sich-Erobern dieser Stadt und dieser Menschen, denen sie sich von Anfang an zugehörig fühlte. Das Berlin von 1876 mit den Kartoffeläckern und Kornfeldern zwischen Kurfürstenstraße und Schöneberg, den Sommerwohnungen der gutsituierten Bürger in Charlottenburg und der Sonntagsidylle der Kleinbürger in der Hasenheide. Die Pferdebahn nach Rixdorf für einen Groschen und die mühevollen Patientenbesuche. Später die Barackenstadt im sogenannten Vogtlande, das aufkommende Industrieproletariat, aber auch die glänzenden Kaiserparaden: »Wenn beim schönsten ›Hohenzol-

lernwetter‹ unter den Klängen des Hohenfriedbergers oder Torgauers die prachtvollen Regimenter die Friedrichstraße hinunterzogen zum Tempelhofer Feld, – dahinter die Hofwagen, der alte Kaiser, nach beiden Seiten freundlich grüßend, der Kronprinz, meist zu Pferde, dann die Wagen mit den kaiserlichen Damen und Gefolge, die Bürgersteige schwarz von Menschen, – flogen die Hüte und Mützen von den Köpfen, und ich hätte den Sozialdemokraten sehen mögen, dem nicht das Herz im Leibe lachte, mochte er auch Abends vorher in Versammlung oder Bierkneipe noch so lebhaft Lassallesche Reden oder Marxsche Theorie verfochten haben!«
Ihre Erinnerung geht zurück zum Berlin der Jahrhundertwende, zum Aufbruch der Frauen, dann zum ersten Weltkrieg: wieder wird sie gebraucht, im Krankendienst und in der Wohlfahrtspflege, das Altenteil hatte sie sich ruhiger vorgestellt. Wenn sie all die Jahre ihres mühsamen Kampfes um berufliche Anerkennung noch einmal an sich vorüberziehen läßt, so stellt sich keine Verbitterung ein. Sie habe sich nie auf raschen Erfolg eingestellt, schreibt sie, denn:
»Wer der Welt etwas Neues bringen will, muß erst beweisen, daß es etwas Richtiges ist, – daß die Welt es braucht und daß er selbst dazu steht.«

Die Provokation der Gelben Broschüre

Helene Lange
(1848-1930)

Sie sieht aus, wie man sich eine Lehrerin des ausgehenden 19. Jahrhunderts vorstellt: hochgeschlossener Spitzenkragen, die straff gescheitelten Haare zu einem Dutt aufgesteckt, mütterlich strenge Gesichtszüge. Helene Lange war Lehrerin. Rund sechzig Jahre ihres Lebens hat sie – überwiegend in Berlin – pädagogisch gewirkt, an Mädchenschulen, am Lehrerinnenseminar, in der Redaktionsstube und in der Verbandsarbeit. Und immer ging es ihr dabei um das zentrale Thema Frauenbildung. Sie sei ihren Weg »mit der großen Sicherheit eines Menschen gegangen, der die Furcht nicht kennt, wenn er sich in innerer Klärung Ziel und Weg vorgezeichnet hat«, sagt Theodor Heuss von ihr, und viele ihrer Handlungen zeugen von dieser selbstverständlichen Unbeirrbarkeit und planerischen Perspektive.
Da ist die Sache mit der Gelben Broschüre. Im Jahre 1887 reichen sechs pädagogisch fachkundige Frauen, unter ihnen auch die radikal argumentierende Minna Cauer, eine Petition mit 84 Unterschriftenbögen beim Preußischen Kultusministerium und dem Abgeordnetenhaus ein. Sie verlangen größere Beteiligung von Frauen am Unterricht in den Mittel- und Oberstufen der höheren Mädchenschulen und eine bessere wissenschaftliche Ausbildung der Lehrerinnen. Maßvolle und nicht sonderlich revolutionäre Ansprüche, aber im Ministerium ist man solch konkrete, sachlich fundierte Formulierungen von Frauen nicht gewöhnt, und schon gar nicht den ironischen Ton der beigefügten Gelben Broschüre, in der eine gewisse Helene Lange, 39, Lehrerin an einer höheren Privatschule, die bisherige Praxis der Mädchenerziehung und Lehrerinnenausbildung zu kritisieren wagt. Ärgerlich für die Ministerialbeamten, denn sie können das mit logischem Sachverstand aufgebaute Dokument nicht als unqualifiziert vom Tisch wischen. So konfrontiert sie Helene Lange mit Zitaten aus der Weimarer Denkschrift deutscher Pädagogen, in der es heißt: »Es gilt, dem Weibe eine der Geistesbildung des Mannes in der Allgemeinheit der Art und der Interessen ebenbürtige Bildung zu ermöglichen, damit der deutsche Mann nicht durch die geistige Kurzsichtigkeit und Engherzigkeit sei-

ner Frau an dem häuslichen Herde gelangweilt und in seiner Hingabe an höhere Interessen gelähmt werde...« – Solange die Frau nicht um ihrer selbst willen als Mensch geliebt werde, solange sie nur des Mannes wegen erzogen werden soll, solange konsequenterweise die geistig unselbständigste Frau die beste sei, könne es mit der deutschen Frauenbildung nicht besser werden, schreibt Helene Lange und folgert: »Das wird nun vielen Männern als kein großer Schaden erscheinen, wenn nur ihr Behagen dabei gesichert ist.« Auch wenn diese Behauptung den Beamten die Sprache verschlägt, leugnen können sie nicht, daß es um die Mädchenbildung in Preußen nicht zum besten steht.

Die Schule solle die Kraft des Glaubens und der Menschenliebe ebenso entwickeln wie die intellektuellen Fähigkeiten und ernst machen mit Pestalozzis Forderung nach dem allseitig gebildeten Menschen, verlangt Helene Lange, und sie hat die allseitig gebildete Frau dabei im Blick, die nicht nach Höherer-Töchter-Manier mit »Selekten« wie Porzellanmalen oder Italienisch abgespeist werden dürfe. Wenn sie die Fächer der »Verstandeskultur«, Grammatik, Rechnen, Naturwissenschaften weiter männlichen Lehrkräften überlassen will, die ethischen, Deutsch und Religion aber Frauen zuweist, so betont sie damit den Unterschied der Geschlechter, den sie nicht aufheben möchte, sondern dem gerade in geschlechtsgebundenen Schulen und Lehrerbildungsanstalten Rechnung getragen werden soll. Allerdings müßten die Maßstäbe der Frau dieselbe Geltung haben wie die des Mannes, und die Voraussetzungen dazu könne nur eine selbständige geistige Bildung, von Frauen vermittelt, schaffen.

Als Reaktion auf diese unbotmäßigen Forderungen wird Helene Langes Unterricht inspiziert, gleich durch die allerhöchste Instanz, einen Geheimen Oberregierungsrat aus dem Kultusministerium, der anschließend in einem Vortrag vor dem Kollegium den Frauen mit Hilfe Abrahams und der Bibel klarmacht, wo ihr Platz sei: drinnen in der Hütte.

Im Abgeordnetenhaus wird indes die eingereichte Petition unter dem Druck der Regierung zweimal von der Tagesordnung abgesetzt. Helene Langes beigefügte Gelbe Broschüre weist die Regierung in schärfster Form zurück – eine Reaktion, die auf starke Betroffenheit schließen läßt und zeigt, daß es weniger um den Bildungsanspruch der Frau, als um sorgsam gehütete Männerprivilegien geht. Man will sich keine Konkurrenz im eigenen Hause schaffen.

Helene Lange gibt sich nicht geschlagen. Geschickt baut sie in einer Strategie der kleinen Schritte einen Stufenplan auf, der sich erst einmal – 1889 – mit der Einrichtung von Realkursen für Mädchen begnügt. Sie sollen der Vorbereitung auf gewerbliche und kaufmännische Berufe dienen. Vier Jahre später folgen dann Gymnasialkurse, die zur Hochschulreife führen sollen. Durch dieses schrittweise Vorgehen und die Unterstützung bedeutender Gelehrter wie Adolf von Harnack, Dellbrück, Dilthey und Helmholtz unterläuft sie massivste Widerstände gegen das Frauenstudium in Universität und Öffentlichkeit. 1896 bestehen die ersten sechs Absolventinnen ihrer Anstalt das Abitur mit guten Zensuren. Damit ist – wieder einmal – der Beweis erbracht, daß auch Mädchen sich auf akademisch abstrakte Höhen emporarbeiten können. Aber die Vorurteile sitzen tief, Möbius' Erfolgsschrift der Jahrhundertwende »Über den physiologischen Schwachsinn des Weibes« erlebt Auflage um Auflage und prägt das öffentliche Bewußtsein.

Um den Lehrerinnen den Rücken zu stärken bei ihrem langsamen aber unaufhaltsamen Eindringen in »männliche« Fächer und Positionen, hat Helene Lange schon 1890 den Allgemeinen Deutschen Lehrerinnenverein mitbegründet, den sie dann jahrzehntelang führt. Über die Mädchenbildungsfrage, ihr Lebensthema, kommt sie auch zur Frauenbewegung.

Erste Gedanken zur Stellung der Frau hatte sich das aus einem Oldenburger Kaufmannshaus stammende, früh verwaiste Mädchen schon mit sechzehn gemacht, als es ein Jahr in einer Tübinger Pastorenfamilie zubrachte. Die selbstverständliche Autorität des Mannes, Amtsautorität dazu, die Klugheit und Bildung der

Pfarrfrau völlig überdeckte – war das gerecht? Auf der Werteskala der jungen Helene Lange fanden nun Selbstbestimmung und persönliche Freiheit ihren Platz ganz oben. Schiller im Herzen und Bilder der Freiheitshelden Garibaldi und Theodor Körner über dem Bett. Aber auch Lessings klare Denkkategorien imponieren ihr, während die Romantiker ihr zu verstiegen und gefühlsbetont vorkommen.

Erst mit ihrer Volljährigkeit kann sich Helene den Berufswunsch erfüllen, den ihr Vormund völlig abwegig fand: Lehrerin. Sie geht 1871 mit einer kleinen Erbschaft und der Erfahrung einiger Erzieherinnenjahre nach Berlin, um das Lehrerinnenexamen abzulegen. Und sie gerät an Menschen, die das praktizieren, was ihr schon immer vorschwebte, Selbstverwirklichung. Aber nicht in eng feministischer Auslegung um die eigene Person zentriert, sondern in der Zuwendung zu andern als soziale und pädagogische Aufgabe. Sie verkehrt im Hause der Henriette und Franziska Tiburtius, wo sie den Kampf um Anerkennung weiblicher Ärzte miterlebt. Sie liest Schriften von Hedwig Dohm und lernt Jeanette Schwerin, die Vorkämpferin für einen Wohlfahrtsstaat, kennen. Seit 1876 unterrichtet sie an einer Töchterschule so erfolgreich, daß man ihr die Leitung des angeschlossenen Lehrerinnenseminars überträgt.

Schritt um Schritt wächst ihr Einflußbereich, selbst am Hof. Der aus England stammenden Kronprinzessin Viktoria, Gemahlin des 99-Tage-Kaisers Friedrich III., verdankt sie manche Unterstützung. In ihren »Lebenserinnerungen« schreibt sie: »Die Kaiserin Friedrich ließ mich bald nach dem Tode des alten Kaisers nach Charlottenburg kommen, um mit mir die Möglichkeit einer Durchführung unserer Pläne zu besprechen. Ich traf sie strickend am Kamin und hatte die erste der anregenden und innerlich bereichernden Stunden mit ihr, der später noch so manche gefolgt ist ...« Die strickende Kaiserin, die »wie keine andere berufen schien, Neues heraufführen zu helfen«, kann ihrer Gesprächspartnerin zwar noch einen Englandaufenthalt vermitteln, verliert aber nach dem Tod des Kaisers und der

Thronbesteigung ihres Sohnes Wilhelm II. an Macht und Einfluß am Hof.

Helene Lange möchte ihre Ideen und Konzepte nicht nur in die Praxis umsetzen, sondern sie auch einem größeren Kreis zugänglich machen. Was lag näher, als die Gründung einer Zeitschrift mit dem Schwerpunkt weiblicher Bildung und Kultur? 1893 bringt sie, sorgfältig geplant und auf Dauer angelegt, wie alles, was sie anpackt, die erste Nummer der Monatsschrift »Die Frau« heraus. Die in der Berliner Hofbuchhandlung Moeser erscheinende Zeitschrift wird bald zum wichtigsten Organ der bürgerlichen Frauenbewegung und spiegelt deren Entwicklung während fünf Jahrzehnten wider.

Die Arbeit, die mit der regelmäßigen Herausgabe einer Zeitschrift verbunden ist, hätte die Redakteurin nicht bis zu ihrem Tod bewältigen können, wenn ihr nicht eine junge Mitarbeiterin zur Hand gegangen wäre: Gertrud Bäumer. Mit der 25 Jahre jüngeren Studentin verband sie bald über die Arbeitszusammenhänge hinaus eine tiefe Freundschaft. Ihr Plan, ein mehrbändiges »Handbuch der Frauenbewegung« herauszugeben, konnte nur mit Gertrud Bäumers Hilfe verwirklicht werden. Da ein Augenleiden ihr das Lesen und Schreiben zunehmend mühsamer machte, kümmerte sich die junge Gefährtin auch mehr und mehr um die Redaktionsarbeiten der »Frau«.

Über Helene Langes Privatleben ist wenig bekannt, die Person verschwindet völlig hinter der Aufgabe. In ihren Lebenserinnerungen erzählt sie Persönliches nur aus ihrer Kindheit und Jugend. Bezeichnend die Kapitel, die dann folgen: Im Beruf, Kampfzeit, Aufbauende Arbeit, Ausbreitung und innere Entwicklung der Frauenbewegung, Erfolge und Enttäuschungen in der Frauenbildungsfrage. – Ein Leben, das nur aus Arbeit bestand? – »Mein Privatleben ist planmäßig in diesen Aufzeichnungen außer acht gelassen worden«, vermerkt sie in den Lebenserinnerungen. Viele persönliche Dokumente hat sie vernichtet. Bestand soll nur ihr Werk haben.

Fast zwanzig Jahre lang war sie Vorsitzende des Allgemeinen

Deutschen Frauenvereins. Dem Vorstand des Bundes Deutscher Frauenvereine hat sie angehört. Sie gilt als die wichtigste Vertreterin der bürgerlichen Frauenbewegung, und sie gab diesem Kreis Konturen, auch indem sie ihn scharf gegenüber dem radikalen Flügel und der proletarischen Frauenbewegung abgrenzte. Ihre damals erhobenen Bildungsansprüche für Frauen sind längst erfüllt. Ihre Forderungen nach einem eigenen weiblichen Weg, einer weiblich-mütterlichen Kultur finden sich heute – fast mit denselben Worten formuliert – in Teilen der Neuen Frauenbewegung wieder. Wenn sie von der großen Bewegung der Frauen aller Kulturländer spricht, die sich über Machthunger, Haß und Materialismus emporringt und so zum »Ausgangspunkt für die steigende Vergeistigung der Welt« wird, so glaubt man, Marilyn Ferguson oder eine andere Apologetin des New Age zu hören.

Konservativ? Progressiv? Etikettierungen fassen nicht bei dieser Frau, die von sich selbst sagt: »Wenn mir etwas im Blut sitzt von klein auf, so ist es Republik und Demokratie.« Ihre Zeitschrift »Die Frau« stand politisch Friedrich Naumann und der Fortschrittlichen Volkspartei nahe. Aus der Ruhe bringen ließ sie sich vom turbulenten Tagesgeschehen selten. Als Anfang Februar 1922 in Berlin gestreikt wird, Licht und Heizung nicht funktionieren, das Wasser eimerweise aus einem Eisloch in der Spree geschöpft werden muß und Arbeiterfrauen ihre streikenden Männer verprügeln, schreibt sie mit klammen Fingern an ihre Freundin Emmy Beckmann: »Im übrigen habe ich mich mit einer Kerze an Shakespeares Königsdramen gesetzt – die waren eine wirkliche Hilfe.« – Weniger ruhig blieb sie nach der Wahl Hindenburgs. Da vermerkt sie am 27. April 1925 wütend: »Ohne die albern-sentimentale Magdseligkeit der deutschen Frauen wäre dieser unpolitische, für seine Stellung in keiner Weise befähigte alte Mann niemals durchgekommen. Natürlich kann er nur Puppe sein – das haben ja die Rechtsparteien gerade gewollt ... Der Freiheit hat man ja immer in Deutschland schließlich den Hals umgedreht.« – Ihr altes Thema, das sie aus ihrer zurückhal-

tenden Reserve lockt. Kampflust bescheinigt auch Theodor Heuss »dieser großen Frau, in der sich so seltsam ein feuriges Herz mit einer nüchternen Gescheitheit begegnete«.
Helene Lange starb am 13. Mai 1930 in Berlin und wurde auf dem Westfriedhof in Charlottenburg beerdigt. Als einzige Vertreterin der Frauenbewegung und eine der ganz wenigen Frauen fand sie Aufnahme in die Serie »Die großen Deutschen«. Zwei Jahre vor ihrem Tod verlieh ihr die Preußische Regierung »Für Verdienste um den Staat« die große Staatsmedaille. Die Ehrung, die sie wohl am meisten freute, war die Verleihung der Ehrendoktorwürde durch die Universität Tübingen – auch wenn ein Dr. h. c. der Berliner Universität bei dieser preußischen Wahlberlinerin eigentlich näher gelegen hätte...

Der falsche Stallgeruch

Lily Braun
(1865-1916)

> Wer eigene Wege sucht,
> findet wenig Gefährten.
> *Lily Braun, Memoiren einer Sozialistin*

»Auf dem trutzigen Schloß von Pirgallen in den Dünen der kurischen Nehrung verführte vor Jahrhunderten ein Burgfräulein einen keuschen Ordensbruder, der dann zum Stammvater der Golzows wurde, jener Sippe, die Liebesleidenschaft von Generation zu Generation weitervererbt.« – Diese Geschichte stammt nicht aus einem Groschenheft, sondern aus dem Anfangskapitel der »Memoiren einer Sozialistin«, dem autobiographischen Roman der Generalstochter Lily von Kretschman, der späteren Lily Braun. Wir lesen auf der ersten Seite weiter: »Nur selten fügte sich ein Golzow dem Rate der Familiensippe, wenn es galt, sich die Eheliebste zu wählen, und so wurden viele fremde Blumen in den nordischen Garten verpflanzt ... Auch meine Großmutter war solch eine fremde Blume gewesen: ein Kind der Liebe, dem heimlichen Bund eines Königs mit einem kleinen elsässischen Komteßchen entsprossen.« – Zu schön, um wahr zu sein. Das scheint auch der Verleger der Memoiren, Albert Langen, gedacht zu haben, denn Lily Braun versichert ihm in einem Brief vom 22. September 1908, die Biographie der Großmutter sei ohne jedes Zutun der eigenen Phantasie geschildert. »Das Leben ist eben nicht nur romantischer, sondern auch meist viel reichhaltiger als der Roman«, schreibt sie, und die Fakten belegen dies: Lilys Großmutter, die Baronin Jenny von Gustedt, ist tatsächlich eine illegitime Tochter König Jérômes, des jüngsten Napoleon-Bruders, der von 1807–1813 über Westfalen regierte. Lily fühlt sich als bevorzugte Enkelin ihr wesensverwandt und widmet ihr den Gedenkband »Im Schatten der Titanen«.

Auch Lilys eigene Jugend hört sich an wie der Klappentext zu einem Trivialroman: Sproß aus adligem Haus, von Privatlehrern und einer abweisend kühlen Mutter auf eine spätere Ehe hin erzogen; Reiten, Malen, Handarbeiten, erster Heiratsantrag mit fünfzehn; unglückliche Romanze mit einem Prinzen; Flucht in

Krankheit und Vergnügungen, Flirts; Abweisen ernsthafter Freier, um ungebunden das Leben genießen zu können ...
Ist das die Lily Braun, die wir aus den engagierten Schriften zur Frauenfrage und zur Sozialpolitik kennen? – Die Verwirrung löst sich, wenn man sich zwei Ereignisse vor Augen führt, die das Leben der Fünfundzwanzigjährigen grundlegend veränderten. Das eine ist der erzwungene Abschied des Vaters aus der Armee nach einer Manöveraffäre mit Kaiser Wilhelm II. und der damit verbundene jähe gesellschaftliche Abstieg der Familie. Die Erfahrung, wie stark das Ansehen eines Menschen von Rang und Stand abhängt und wie wenig von der eigenen Persönlichkeit. Das andere prägende Erlebnis ist Lilys Begegnung mit dem Berliner Professor Georg von Gizycki. Sie ist von dem an den Rollstuhl gefesselten Gelehrten, den sie bei einem Spaziergang im Zoologischen Garten kennenlernt, tief beeindruckt. Er, ein sogenannter »Kathedersozialist« und Nationalökonom, macht sie mit seiner Bibliothek vertraut und schließt ihr die Welt des Geistes auf, in die sie sich gierig versenkt.
Sie lesen gemeinsam Marx und Engels, und er führt sie in die »Gesellschaft für Ethische Kultur« ein, eine Vereinigung idealistischer Atheisten, die durch Veredelung des Menschen eine künftige freie Gesellschaft anstreben. Die Entwicklung zum Sozialismus sei eine gesetzmäßige, unabänderliche, auch wenn sich das Gefühl dagegen sträube; es gäbe deshalb keine andere Wahl, als sich in den Dienst dieser Entwicklung zu stellen, erklärt ihr der Professor, und sie ist bereit, ihm zu folgen, das Weltbild der ständischen Gesellschaft, mit dem sie aufgewachsen ist, einzutauschen gegen die Idee von der klassenlosen Gesellschaft: »Gleiche Rechte für alle: Männer und Frauen; Freiheit der Überzeugung; Sicherung der Existenz; Frieden der Völker; Kunst, Wissenschaft, Natur ein Gemeingut aller; Arbeit eine Pflicht für alle; freie Entwicklung der Persönlichkeit, ungehemmt durch Fesseln der Kaste, der Rasse, des Geschlechts, des Vermögens; wie konnte irgend jemand, der auch nur über seine nächsten vier Wände hinausdachte, sich der Richtigkeit und

Notwendigkeit dieser Forderungen verschließen?!« – Daß zwischen den hehren Postulaten und der Alltagswirklichkeit eine gewaltige Lücke klafft, daß nicht nur die politischen Verhältnisse, sondern auch menschliche Schwächen den Aufbruch in eine neue Welt hemmen, erfährt Lily erst später schmerzlich. Sie heiratet Georg von Gizycki 1893 in Berlin gegen den heftigsten Widerstand ihrer Eltern. Die Ehe mit dem schwerkranken Mann dauert nur knapp zwei Jahre, aber es ist für Lily eine erfüllte Zeit, eine Zeit des Aufbruchs. Sie besucht Parteiversammlungen, liest politische Schriften, diskutiert nächtelang, hält Vorträge. 1895 fordet sie als erste deutsche Frau nicht nur in Schriften, sondern in einer öffentlichen Versammlung das Frauenstimmrecht. Das denkwürdige Ereignis findet an einem Sonntagvormittag im dichtgefüllten Saal des Konzerthauses an der Leipziger Straße statt. Lily ist trotz ihres Lampenfiebers eine wortgewaltige, Gefühl und Verstand ansprechende Rednerin, die das Publikum mitzureißen versteht. Beifallsstürme, auch Empörungspfiffe. Ein eifrig mitschreibender Polizeileutnant und Pressevertreter jeder Couleur. Konservative Blätter berichten anderntags vom »unerhörten Seitensprung der Frau eines preußischen Universitätsprofessors«. Die Genossen aber bleiben mißtrauisch gegen die adlige Generalstochter in ihrer Mitte: sie hat den falschen Stallgeruch.

Nach dem Tod Georg von Gizyckis löst Lily den Haushalt auf, verkauft die umfangreiche und geliebte Bibliothek, um an Geld zu kommen, und zieht in eine bescheidene Zweizimmerwohnung. Sie will sich nun ganz dem politischen Kampf für die Rechte der Frau widmen. Da es um die Sache aller Frauen geht, hält sie eine Solidarisierung über ideologische Schranken hinweg für notwendig. Sie plant die Gründung eines Zentralausschusses für Frauenarbeit, dem auch Vertreterinnen des Bürgertums angehören sollen, doch sie stößt in beiden Richtungen auf Widerstand. Helene Lange, die Repräsentantin der bürgerlich gemäßigten Frauen, fürchtet eine Aufweichung moralischer Grundsätze bei einer Annäherung an das sozialistische Lager. Clara Zet-

kin, Leitfigur der proletarischen Frauenbewegung, lehnt jede
Zusammenarbeit mit »bourgeoisen Kräften« strikt ab. Lily sitzt
zwischen den Stühlen, das erste, aber nicht das letzte Mal in
ihrem Leben erfährt sie, daß sich auch Frauen nicht unbedingt
von politischer Vernunft und Einsicht leiten lassen, daß es
Revierverhalten und Borniertheit nicht nur bei Männern gibt.
Bei ihrer Arbeit hat sie den Sozialpolitiker Dr. Heinrich Braun
kennengelernt, einen Mann von ausgewogenem Urteil, der
innerhalb der sozialdemokratischen Partei zum revisionistischen
Flügel gehört. Im Gegensatz zu Clara Zetkin will er die Gesellschaft nicht durch revolutionären Umsturz, sondern durch
schrittweise Reformen verändern. Lily schließt sich ihm an und
nimmt den vollständigen Bruch mit ihrer Familie in Kauf, als sie
1896 den zweimal geschiedenen, mittellosen Parteipolitiker heiratet. Alle Fäden zur konservativen adligen Verwandtschaft sind
nun abgeschnitten, die reiche Erbtante enterbt sie, weil sie »in
Wort und Schrift der Umsturzpartei dient«. Sie lernt Geldnot
kennen im Braunschen Haushalt, zu dem auch noch zwei Söhne
aus erster Ehe des Mannes gehören. Mit Zeitungsartikeln trägt
sie zum Familienunterhalt bei, aber sie ist eine schlechte Wirt-
schafterin, sie hat nie gelernt, mit Geld umzugehen. Das Haus im
Grunewald muß verkauft werden, der Ehemann wirft ihr Ver-
schwendung vor.

Dazu kommen die Anfeindungen im Parteileben. Clara Zetkin
sieht in der anmutigen, schreib- und redegewandten Lily mehr
und mehr eine gefährliche Konkurrentin und beschneidet ihren
Einfluß, wo immer es möglich ist. Das große und grundsätzliche
Werk »Die Frauenfrage, ihre geschichtliche Entwicklung und
wirtschaftliche Seite«, das Lily Braun 1901 herausbringt, wird von
Clara Zetkin, die nichts Vergleichbares aufzuweisen hat, nach
allen Regeln der Kunst verrissen. Für die Autorin gerade deshalb
so schmerzlich, weil sie in diesem Buch versucht, in die Zukunft
weisende Modelle einer sozialistischen Gesellschaft zu entwik-
keln. Im Mittelpunkt steht für sie die – auch heute noch nicht
gelöste – Frage, wie man den drei Ansprüchen an die Frau als

Ehefrau, Mutter und Berufstätige möglichst kräftesparend und befriedigend genügen kann. Eine Möglichkeit sieht sie in der Reform der Hauswirtschaft. Eine Art großer Wohngemeinschaft schwebt ihr vor, wenn sie ihr Modell der Wirtschaftsgenossenschaft entwickelt, die 50-60 Wohnungen in einem von Grün umgebenen Häuserkomplex umfassen soll: »An Stelle der 50-60 Küchen, in denen eine gleiche Zahl der Frauen zu wirtschaften pflegt, tritt eine im Erdgeschoß befindliche Zentralküche, die mit allen modernen arbeitssparenden Maschinen ausgestattet ist. Giebt es doch schon Abwaschmaschinen, die in drei Minuten zwanzig Dutzend Teller und Schüsseln reinigen und abtrocknen! Vorrathsraum und Waschküche, die gleichfalls selbstthätige Waschmaschinen enthält, liegen in der Nähe; ebenso ein großer Eßsaal, der zur gleichen Zeit Versammlungsraum und Tags über Spielzimmer der Kinder sein kann. Ein kleineres Lesezimmer schließt sich ihm an. Die ganze Hauswirtschaft steht unter einer erfahrenen Wirthschafterin, deren Beruf die Haushaltung ist ...«

August Bebel steht solchen Plänen und dem ganzen Buch sehr aufgeschlossen gegenüber, die Genossinnen reagieren zurückhaltend, man traut der Praxisfernen praktikable Reformen nicht zu. Schlimmer noch: man bezichtigt sie, die immer wieder aus den engen Parteigrenzen ausbricht und auch in bürgerlichen Zeitschriften schreibt, der Unzuverlässigkeit. Clara Zetkin gelingt es, sie aus der Redaktion der sozialdemokratischen Frauenzeitschrift »Die Gleichheit«, deren Mitherausgeberin sie ist, zu verdrängen. Schließlich wird Lily Braun aus der Berliner Frauenorganisation ausgeschlossen, eine Maßnahme, die zwar später revidiert wird, die sie aber im Augenblick hart trifft.

Ihr kleiner Sohn Otto, 1897 geboren, ein sehr begabtes und anhängliches Kind, hilft ihr über die Kränkung hinweg, und dann gibt es noch die Zeitschrift »Die neue Gesellschaft«, die sie mit ihrem Mann gemeinsam herausbringt – ohne Fortune, da die radikalen Sozialdemokraten das »Revisionistenblatt« ablehnen. 1909 erscheint der erste Band der »Memoiren einer Sozialistin«, ein unerwarteter Verkaufserfolg und endlich auch ein finanziell einträgliches Geschäft. Das Buch, das in leicht verschlüsselter Form Lilys eigenen Lebensweg schildert und aus subjektiver Sicht Zeitströmungen und gesellschaftliche Verflechtungen aufzeigt, festigt ihr Ansehen als Schriftstellerin. Das gilt auch für den 1911 herauskommenden zweiten Teil mit dem Titel »Kampfjahre«. Hier nun kann sie sich rächen für all die erlittenen Kränkungen: Clara Zetkin erhält das Etikett »die blutige«, auch Helene Lange wird nicht sehr wohlwollend behandelt. Mit besonderer Bitterkeit zeichnet sie aber den seit 1888 regierenden Kaiser Wilhelm II., der ihren Vater aus dem Amt verstieß und so die Familie ruinierte.

Das hindert sie nicht daran, sich an der überschwenglichen vaterländischen Begeisterung beim Ausbruch des Ersten Weltkrieges zu beteiligen. Immer schon hatte sie alles, was sie anpackte, mit Leidenschaft und vollem Einsatz getan. So ruft sie auch jetzt unermüdlich die Frauen aller Schichten auf, sich für Hilfsdienste zur Verfügung zu stellen: der Krieg als große nationale Aufgabe. Sie ist stolz auf ihren Sohn, den frühreifen, literarisch hochbegabten, der sich mit siebzehn als Freiwilliger meldet. Und als er verwundet aus dem Feld entlassen wird, versucht sie nicht, ihn mit seinem steifen Arm im Hause zu behalten. Er rückt wieder ein und fällt kurz vor Kriegsende als Leutnant. Seine Tagebuchaufzeichnungen und Briefe erschienen 1921 unter dem Titel »Aus nachgelassenen Schriften eines Frühvollendeten«. Sie hinterließen tiefe Spuren bei der nachfolgenden Generation.

Den Tod des Sohnes hat Lily Braun nicht mehr erlebt. Sie starb, 51jährig, im August 1916. Auf dem Weg von ihrer Wohnung am Zehlendorfer Erlenweg zur Post, wo sie Nachricht von ihrem Sohn erwartete, erlitt sie einen Schlaganfall. Herzbeschwerden hatten ihr schon vorher zu schaffen gemacht, aber sie gönnte sich nie Ruhe, schonte sich nicht. Rastlosigkeit, ein Vorwärtsdrängen zu Zielen und Lösungen zeichnen ihr Leben und ihr Werk aus. Sie war immer unterwegs. Immer auf der Suche nach dem, was die Menschen nicht trennt, sondern verbindet.

»Ich will wirken in dieser Zeit ...«

Käthe Kollwitz
(1867–1945)

Im Berliner Käthe-Kollwitz-Museum, einem liebevoll restaurierten spätklassizistischen Bürgerpalais in der Fasanenstraße, wird der Besucher mit rund 200 Werken der Künstlerin konfrontiert, einer geballten sozialen Anklage, die das großbürgerliche Ambiente des Hauses noch verstärkt. Die Ausstellung zeigt, verteilt auf zahlreiche kleinere Räume, um welche Themen Leben und Werk der Kollwitz kreisen: Krieg, Mitleid und Empörung, Mütterlichkeit, Arbeiterelend, Alter und Tod. Am eindrücklichsten wohl der Raum mit den Selbstporträts, zwanzig unerbittlich ehrlichen Darstellungen aus fünf Jahrzehnten. »Selbstbilder« nennt sie Käthe Kollwitz. Harte schwarz-weiß-Töne und düsteres Grau überwiegen, nur auf einem der Bildnisse, dem ersten von 1888/89, ein lachendes, gelöstes Gesicht, sonst Nachdenklichkeit, verhaltene Trauer, Verschlossenheit.

Eine Leidensspur zieht sich durch das ganze Leben dieser Frau, die eingerahmten Selbstbefragungen an den Wänden und die Tagebücher, zehn dicke Wachstuchhefte, die sie in 35 Jahren vollgeschrieben hat, dokumentieren dies. Sie schlüsseln uns viele ihrer Werke auf.

Als Markstein in ihrer Arbeit bezeichnet sie sechs frühe Radierungen zum Weberaufstand von 1844. Sie entstanden unter dem Eindruck von Gerhart Hauptmanns Drama »Die Weber«, dessen Uraufführung sie in Berlin miterlebte. In ihrem Zyklus »Der Weberaufstand« setzt sie das Bühnengeschehen in Bilder von beklemmender Eindringlichkeit um. Verzweifelte Gestalten mit hohlen Augen und geballten Fäusten. Eine hilflose Mutter vor der kümmerlichen Leiche ihres Kindes. Der Zug der schlesischen Weber zum Portal des Herrenhauses. Haß, Gewalt, Ohnmacht. Im letzten Bild werden die Toten in die Hütte getragen, neben den alles überragenden Webstuhl gelegt. Der Aufstand ist gescheitert, nichts hat sich verändert.

Die Darstellung der markanten Arbeitergesichter, der gichtgebückten, verhuschten Frauengestalten war für die junge Käthe Kollwitz am Anfang mehr eine künstlerische Herausforderung als ein moralischer Appell: »Was kümmerten mich aber die

Schönheitsgesetze, wie zum Beispiel der Griechen, die nicht meine eigenen waren, von mir empfunden und nachgefühlt? Das Proletariat war für mich eben schön. Der Proletarier in seiner typischen Erscheinung reizte mich zur Nachbildung. Erst später, als ich Not und Elend der Arbeiter durch nahe Berührung kennenlernte, verband sich damit zugleich ein Verpflichtungsgefühl, ihnen mit meiner Kunst zu dienen.«
1891, mit 24 Jahren, heiratet sie den sozial stark engagierten Kassenarzt Dr. Karl Kollwitz und läßt sich mit ihm im Berliner Norden nieder. In der Weißenburger Straße 25 mieten sie ein paar schlichte Räume, Praxis, dahinter ein kleines Atelier für sie, im oberen Stockwerk einige Zimmer zum Wohnen. Über fünfzig Jahre lang genügte dieses Domizil den Ansprüchen des Ehepaars. Die Patienten waren Arbeiter oder Arbeitslose – für Käthe nicht nur Studienobjekte, sondern Menschen.
Mit dem »Weberaufstand« gelingt der jungen Königsbergerin, Tochter des Baumeisters Carl Schmidt, die in München und bei Stauffer-Bern an der Berliner Künstlerinnenschule ausgebildet wurde, der künstlerische Durchbruch. Der Zyklus hängt 1898 in der Großen Berliner Kunstausstellung, und das Jurymitglied Adolph Menzel schlägt sie für eine Ehrung vor. Kaiser Wilhelm II. winkt ab, für solche »Rinnsteinkunst« hat er nichts übrig, er bevorzugt Lieblicheres und Pathetischeres.
38 Jahre später, im November 1936, ein ähnliches Erlebnis. An der Jubiläumsausstellung der Berliner Bildhauer ist Käthe Kollwitz mit zwei Arbeiten vertreten. Doch noch vor der Eröffnung werden ihre beiden Werke, eines heißt »Mutter«, auf Anordnung des Reichsministers Rust entfernt: eine deutsche Mutter hat positiver und optimistischer auszusehen. Auch Barlach, den sie sehr verehrt, gehört zu den verfemten Künstlern. Sie versteht das alles nicht, leidet unter der zunehmenden Isolierung. Im Tagebuch vermerkt sie: »Auch diese merkwürdige Stille bei Gelegenheit der Heraussetzung meiner Arbeit aus der Akademieausstellung und anschließend dem Kronprinzenpalais. Es hat mir fast niemand etwas dazu zu sagen. Ich dachte, die Leute

würden kommen, mindestens schreiben – nein. So etwas von Stille um mich.«

1898 lagen die Dinge doch anders. Da hat es ihr in der Öffentlichkeit nicht geschadet, »Rinnsteinkunst« zu produzieren, im Gegenteil, es brachte ihr eine Berufung an die Berliner Künstlerinnenschule ein. Grafik und Zeichnen unterrichtete sie nun, und daneben hatte sie ihren Haushalt und die beiden kleinen Söhne Hans und Peter zu versorgen. Ihr Mann ging ganz in der Praxis auf und konnte sie deshalb auch nicht nach Florenz begleiten, wo ihr der Villa-Romana-Preis einen längeren Studienaufenthalt ermöglichte. Sie vollendet in dieser Zeit den Zyklus »Bauernkrieg«, sieben Radierungen, wieder mit dem Thema Unterdrückung, Not der Rechtlosen, das sie fortan nicht mehr losläßt. Eine Folge von Zeichnungen, »Bilder vom Elend« nennt sie sie, wird im Simplicissimus veröffentlicht. Plakatentwürfe entstehen. Einer zeigt – heute nicht weniger aktuell – zwei Kinder vor einem Schild »Spielen auf dem Hof verboten«. Aber damals gab es in den Arbeitervierteln Berlins weder Spielplätze noch Kinderzimmer. Fünf Personen lebten durchschnittlich in einem Raum. Da kam sich die Kollwitz-Familie schon privilegiert vor. Doch das ganze Leben ändert sich jäh mit dem Ausbruch des Ersten Weltkrieges. Der ältere Sohn Hans wird eingezogen, der jüngere, Peter, an dem die Mutter besonders hängt, meldet sich als Freiwilliger.

Die folgenden Monate lassen sich anhand ihres Tagebuchs erschütternd nachvollziehen:

Dienstag, den 1. September 1914
Berlin steht ganz unter dem Sedanzeichen. Die ganze Stadt ist beflaggt. Menschenmassen unter den Linden, alles in Jubel- und Siegesstimmung, als ob der Krieg beendet wäre. Diese etwas oberflächliche Jubelstimmung, die so schlecht paßt zu den grausamen Schlachten an beiden Grenzen, zu all dem Scheußlichen und Barbarischen, das man aus Ostpreußen und Belgien hört, zieht sich über Tage hin.

5. Oktober 1914
Abschiedsbrief an Peter. Als ob das Kind einem noch einmal vom Nabel abgeschnitten wird. Das erstemal zum Leben, jetzt zum Tode.

Montag, den 12. Oktober 1914
Ich fahre heraus und sehe ihn noch einmal. Auf dem Bahnhof erwartet er mich. Dann ist Appell... In dem Unteroffizierscasino nähe ich ihm ein paar Knöpfe an. Am Klavier sitzt ein Soldat und singt »Macht euch bereit...«

24. Oktober 1914
Die erste Nachricht von Peter. Er schreibt, sie hören schon Kanonendonner.

Freitag, den 30. Oktober 1914
»Ihr Sohn ist gefallen.«

Achtzehn ist er gerade und seit zwei Tagen an der Front. Er fiel als erster seines Regiments in der Nacht vom 22. zum 23. Oktober bei Dixmuiden in Belgien. Seine Kameraden haben ihn hier begraben.
Die Mutter ist vom Schmerz völlig gelähmt. Aber allmählich löst sich die Starre, die Trauer setzt sich um in Gestaltungsdrang. In ihr reift der Plan zu einem Denkmal für Peter. Auf den Höhen von Schildhorn müßte es stehen, mit dem Blick über die Havel. Auch andere Plätze zieht sie in Betracht, am zweiten Weihnachtsfeiertag notiert sie: »In den verschneiten Grunewald gegangen und den Platz für Peters Denkmal gesucht.« Das Denkmal in ihrem Kopf wandelt sich immer wieder und beschäftigt sie über Jahre: Entwürfe, begonnene Arbeiten, Unterbrechungen, Scheitern. Erst 1932 wird es vollendet und findet seinen Platz; nicht in Berlin, sondern auf dem belgischen Soldatenfriedhof in Roggevelde bei Dixmuiden. Ein eindringliches Mahnmal am Weg zu den Gräbern, zwei einzelne kniende Gestalten, »Die Eltern«, in ihrer stummen Anklage gegen den

Krieg. Bei der Einweihung ahnt Käthe Kollwitz noch nicht, daß sie zehn Jahre später wieder trauern wird. Um den Enkel diesmal, der den Namen des gefallenen Sohnes, Peter, trägt. Am 22. September 1942 fällt er in Rußland.
Die Zeit nach dem Tod des Sohnes Peter und nach dem Ersten Weltkrieg war für Käthe Kollwitz die künstlerisch fruchtbarste. Ihre Plastik »Das Liebespaar« wird in Berlin ausgestellt. 1917, zu ihrem 50. Geburtstag, veranstalten die Berliner Sezession und Paul Cassirer Jubiläumsausstellungen für sie. Sie engagiert sich nun immer stärker in Wort und Werk gegen den Krieg, die Menschenopfer und beruft sich dabei auf einen Ausspruch Goethes: »Saatfrüchte sollen nicht vermahlen werden.« 1919 erscheinen, unter dem Eindruck Barlachs, ihre ersten Holzschnitte. Sie wird in die Akademie der Künste aufgenommen, erhält den Professorentitel und – für sie wichtiger – ein Meisteratelier in der Akademie. Auch der Orden Pour le mérite wird ihr verliehen.
Ihre Themen ändern sich nicht: 1922/23 erscheinen die Holzschnittfolgen »Krieg« und »Proletariat«, Flugblätter, Plakate gegen Gewalt und Krieg folgen. Sie nimmt Partei, ohne daß sie einer Partei angehört. Ihre Kunst sei keine Propaganda-, sondern Bekenntniskunst, schreibt Gerhart Hauptmann: »nach Form und Inhalt nicht gesucht, sondern geworden, rein aus dem Inneren hervorgegangen«. 1928 übernimmt sie die Leitung des »Meisterateliers für Graphik« an der Berliner Akademie. Fünf Jahre später, nach der Machtergreifung durch die Nationalsozialisten, wird sie dieses Amtes wieder enthoben, und man legt ihr, gemeinsam mit Heinrich Mann, nahe, die Akademie zu verlassen. Damit verliert sie auch ihr schönes Atelier und muß sich im Atelierhaus an der Klosterstraße neu einrichten.
Diese sie zermürbende und demütigende Zeit findet ihren Niederschlag im Tagebuch. Sie berichtet von Verhaftungen und Hausdurchsuchungen bei Freunden, von Judenboykott und Bücherverbrennung, von der Auflösung der Parteien und der Gleichschaltung. Ihr Mann verliert vorübergehend die Kassen-

zulassung. Im Juli 1936 dann eine Eintragung, die Ohnmacht und Angst dokumentiert, eine Haltung, die den meisten Menschen viel näher liegt als heroischer Widerstand. Sie hatte einem Reporter der russischen Zeitung »Iswestija« von ihren Arbeitsschwierigkeiten und ihrem inoffiziellen Ausstellungsverbot berichtet.

»Am 13. Juli erscheinen zwei Beamte der Gestapo und verhören mich über den Artikel in der ›Iswestija‹. Erklären mir, daß auf mein Verhalten Konzentrationslager stünde. Davor schütze mich kein Alter und nichts. Am Tage darauf kommt der eine Beamte ins Atelier in der Klosterstraße, sieht meine Arbeiten an, redet lang und breit (nicht übelwollend), sagt dann, er verlange von mir eine Erklärung für die Zeitungen, in denen ich die Behauptungen der ›Iswestija‹ für unwahr erkläre ... Die nächsten Tage vergehen in erregter und gedrückter Stimmung. Es quält mich die Vorstellung, daß sie meine Erklärung ungenügend finden werden, daß ich in die Enge getrieben werde und es schließlich doch zu einer Verhaftung kommt. Wir fassen den Entschluß, dem Konzentrationslager, wenn es unvermeidlich scheint, durch Selbstmord uns zu entziehen. Freilich diesen Entschluß vorher die Gestapo wissen zu lassen, Vorstellung, daß sie dann vom Konzentrationslager absehen werden.« – Die Würde des Menschen ist unantastbar. Nicht von ungefähr steht dieser Satz in Artikel 1 unseres heutigen Grundgesetzes.

Der alternden Käthe Kollwitz wird in diesen Jahren der Umgang mit dem Tod noch vertrauter, als er ihr immer schon war. Sie sieht Verwandte, Freunde, Kinder sterben und nimmt deren Tod in ihr Werk hinein. 1940 verliert sie ihren Mann, den ruhigen, kraftspendenden Gefährten. Sie ist nun auch lebensmüde, die Arbeit im kalten Atelier fällt ihr schwer, Gebrechen machen sich bemerkbar, die Nächte im Luftschutzkeller hinterlassen ihre Spuren. Aber sie klagt nicht: »Es ist in der Ordnung, daß der Mensch auf seine Höhe kommt und daß er wieder absteigt. Da ist nichts zu murren.«

1943 holt die junge Bildhauerin Margarete Böning sie nach Nordhausen im Harz, im selben Jahr wird ihre Berliner Wohnung durch Bomben völlig zerstört. Sie lebt nun nur noch zum Tode hin und in der Rückwendung zu Vergangenem. Der Journalistin Lenka von Koerber schreibt sie: »Ich denke so viel an das, was ich in der Weißenburger Straße verloren habe, eine mehr als fünfzigjährige Heimat.« – Heimat Berlin. Die Weißenburger Straße in Ostberlin heißt heute Käthe-Kollwitz-Straße, auch der Wörther Platz wurde nach ihr umbenannt. Hier treffen wir auf Käthe Kollwitz, überlebensgroß, ein Bronzedenkmal von Gustav Seitz. Einen zweiten Guß dieser Bronze finden wir im Westberliner Museum in der Fasanenstraße wieder. Ob die am 22. April 1945 in Moritzburg bei Dresden Verstorbene dieser Überhöhung zugestimmt hätte? Ihr Grabrelief auf dem Zentralfriedhof Friedrichsfelde in Ostberlin, das sie selbst entworfen hat, nimmt sich viel bescheidener aus. Ein Frauenkopf, beschützt von einem mächtigen Händepaar: »... ruht im Frieden seiner Hände«, ein Goethewort aus dem West-Östlichen Divan.

Käthe Kollwitz war sich, bei aller Bescheidenheit, ihrer selbst und ihrer Aufgabe bewußt. Sie reiht sich nicht bei den ganz großen, aber bei den »guten« Künstlern ein: »Das Genie kann wohl vorauslaufen und neue Wege suchen, die guten Künstler aber – und zu diesen rechne ich mich –, haben den verlorengegangenen Konnex wieder zu schaffen.« Und im November 1922 schreibt sie in ihr Tagebuch: »Freilich reine Kunst in dem Sinne wie zum Beispiel Schmidt-Rottluffsche ist meine nicht. Aber Kunst doch. Jeder arbeitet wie er kann. Ich bin einverstanden damit, daß meine Kunst *Zwecke* hat. *Ich will wirken in dieser Zeit, in der die Menschen so ratlos und hilfebedürftig sind.*«

Sozialarbeit wird zum Beruf

Alice Salomon
(1872-1948)

New Yorker Zeitungen melden in den letzten Augusttagen des Jahres 1948 eine außergewöhnliche Hitzewelle. Brooklyn liegt verlassen da, die meisten Menschen sind an die kühlere Küste gefahren. So nimmt niemand den Tod der alten Frau in einem Apartment der East 79th Street zur Kenntnis. Herzversagen. Emigrantin aus Deutschland. Bei der Beerdigung auf dem Evergreens Cemetery folgen nur vier oder fünf Leute dem Sarg, keine Angehörigen. In der Rasenfläche des riesigen Friedhofs ein Stein unter Tausenden: Alice Salomon 1872–1948. Elf Jahre hat sie in New York gelebt, harte Jahre. In Berlin, in Deutschland galt sie als große Pionierin der Sozialarbeit, hier kannte sie kaum jemand. Mit 65 mußte sie sich, ganz auf sich allein gestellt, noch einmal eine Existenz aufbauen. Im August 1947 schreibt sie an Hildegard von Gierke, die Leiterin des Pestalozzi-Fröbel-Hauses in Berlin, mit der sie in alter Freundschaft verbunden ist: »Meine Kraft reicht nicht weiter ... Aber niemand, der etwas besorgt oder kocht oder einen Brief zum Kasten bringt ...«

Das soziale Netz, das sie in Deutschland mitgeknüpft hat, hier existiert es nicht, und von privater Hilfe abhängig zu sein, wenn man ein Leben lang für das Recht auf Arbeit gekämpft hat, ist bitter. Sie hält sich mit Zeitungsartikeln und Vorträgen zu Sozialthemen über Wasser, mehr schlecht als recht, wohnt in Hotels, bei Bekannten, dann endlich in einer eigenen, kleinen Zweizimmerwohnung. In ihren Lebenserinnerungen, an denen sie in jenen Jahren in englischer Sprache schreibt, ist von diesen Alltagsschwierigkeiten kaum die Rede. Vielleicht aus Stolz, vielleicht, weil sie ihre amerikanischen Leser von »Character is Destiny« nicht vor den Kopf stoßen will. Daß sie keinen Verleger findet für das Werk, enttäuscht sie schwer, sie ist es nicht gewohnt, abgewiesen zu werden, ihre Bibliographie umfaßt 27 Bücher und 247 publizierte Aufsätze und Vorträge.

In Deutschland erscheint »Charakter ist Schicksal« erst zehn Jahre nach ihrem Tod – und es wäre ihr so wichtig gewesen, ihre Erfahrungen an die nachfolgende Generation weiterzugeben, eine Generation, die auf keine gesicherten Werte mehr zurückgreifen konnte: »Alles, was ich während meines Lebens getan habe, hatte einen Inhalt: beizutragen zur Entstehung einer sozialen Ordnung mit mehr Gerechtigkeit, Chancengleichheit und einem tieferen Empfinden der Solidarität und Brüderlichkeit.« Alice Salomon leidet darunter, daß sich zu den amerikanischen Sozialorganisationen keine dauerhaften Arbeitskontakte ergeben, sie bleibt Konkurrentin, Fremde.

Um so gerührter ist sie, als ehemalige Berliner Sozialschülerinnen gemeinsam mit amerikanischen Frauenvereinigungen zu ihrem 70. Geburtstag in einem New Yorker Hotel einen Empfang für sie geben und bekannte Musiker aus ihrem früheren Freundeskreis, Adolf Busch und Rudolf Serkin, zu ihren Ehren spielen.

Aber kein Echo aus Deutschland. Und als Deutsche fühlt sie sich immer noch, obwohl sie seit 1944 die amerikanische Staatsbürgerschaft besitzt: »Deutschland war mein Vaterland, Deutsch meine Muttersprache. Die deutschen Dichter und Philosophen gehörten zu meiner Erziehung ...« Sie denkt an die Lieder Paul Gerhardts, an die Choräle Luthers und natürlich an Goethe, der sie ständig begleitet. Sie träumt von einer deutschen Frühlingslandschaft mit jungem Baumgrün und rosa Blütenblättern, die über die Wiesen geweht werden. – Heimweh. – Warum ist sie nicht zurückgekehrt? Sie war zu alt, zu schwach, zu illusionslos. Zu tief verletzt auch von dem, was man ihr angetan hat.

Dabei ist Selbstmitleid und Resignation nicht ihre Art. Im Gegenteil: ein ausgeprägter Wille, Leistungsbewußtsein und Durchhaltevermögen zeichnen ihre schulische und wissenschaftliche Karriere aus. Aufgewachsen als Kaufmannstochter in wohlhabender Umgebung – das Elternhaus stand in der Königgrätzer Straße – hätte sich die junge Alice Salomon durchaus auf die übliche und standesgemäße Höhere-Töchter-Laufbahn beschränken können: Klavierspielen, Sticken, auf einen Ehemann warten. Aber sie ertrotzt den Besuch des Viktoria-Lyceums, dessen Fächerangebot sie freilich enttäuscht; von allem ein bißchen, was Frauen in der Ehe brauchen. Ihr Wunsch, Leh-

rerin zu werden, scheitert am Widerstand der Eltern, in ihren Kreisen üben Mädchen keinen Brotberuf aus.
Die Weichen für ihr weiteres Leben werden 1893 gestellt, als sie im Bürgersaal des Berliner Rathauses an der Gründungsversammlung der »Mädchen- und Frauengruppen für soziale Hilfsarbeit« teilnimmt. Neben theoretischer Belehrung lernt sie hier zum ersten Mal praktische Sozialarbeit kennen, ehrenamtlichen Einsatz in Krippen und Kindergärten, Waisenhäusern und Krankenanstalten, in Volksküchen und in der Armenpflege. Neu ist dabei, daß es sich um eine systematische Ausbildung der Helferinnen handelt, man spricht nicht mehr von »Wohltätigkeit« und »Almosen«, sondern von »sozialer Hilfsarbeit« und »Wohlfahrtseinrichtungen«. Alice macht Hausbesuche bei Fabrik- und Heimarbeiterinnen, sieht die ungesunden, beengten Wohnverhältnisse, empört sich über die langen Arbeitszeiten und die extrem niedrigen Löhne der Frauen: das Thema ihrer späteren Doktorarbeit. Daß die junge Sozialhelferin ihre Weiterbildung nicht vernachlässigt, dafür sorgt eine der Leiterinnen, die für sie bald zur mütterlichen Freundin wird, Jeanette Schwerin. Sie nimmt Alice ganz in ihre Arbeit herein und überträgt ihr immer verantwortungsvollere Aufgaben, beim Bund Deutscher Frauenvereine, bei der Organisation einer ersten Berufsberatungs- und Arbeitsvermittlungsstelle, bei der Zulassung als Armenpflegerin – ein vielbeachteter Präzedenzfall in Berlin.
1899 ist Alice Salomon mit dabei, als in Berlin ein Ganztagskurs zur Ausbildung beruflicher Sozialarbeiter anläuft – der erste auf dem europäischen Kontinent und Grundstein für weitere Schulen der Sozialarbeit. Gleichzeitig wird ein neues Berufsbild geprägt: der fachlich ausgebildete qualifizierte Sozialarbeiter, der für seine Tätigkeit einen geregelten Lohn erhält. Die Möglichkeit einer beruflichen Entfaltung auch und vor allem für Mädchen. Alice Salomon gibt dem praktischen Experiment den theoretischen Unterbau: »Aus der Charitas wird soziale Arbeit, Sozialreform und Sozialpolitik. Hilfstätigkeit erfordert nicht nur die rechte Gesinnung. Sie braucht auch Organisationen und

Institutionen, durch die der Helfende den Weg zum Hilfsbedürftigen findet.«

Mit ähnlicher Konsequenz geht Alice Salomon später das Problem der jugendlichen Arbeitslosen an: »Sie erfuhren in den Jahren der Arbeitslosigkeit, daß sie nicht gebraucht wurden und sie lernten nie, daß Brot die Frucht mühevoller Arbeit sein sollte – daß seine Zutaten nicht in den Wohlfahrtsbüros hergestellt wurden ... Wir waren davon überzeugt, daß die Arbeitslosen mehr benötigten als Geld, um Lebensmittel zu kaufen und ihre Mägen zu füllen; daß sie etwas brauchten, um ihren Tag auszufüllen, ihre Hände in Bewegung und ihren Geist beweglich zu halten. Am dringlichsten brauchten sie den Glauben an sich selbst und an die Zukunft, um ihrer Existenz einen Sinn zu geben.« – Das hat Alice Salomon formuliert, lange bevor Hitler den Arbeitslosen zurief: »Euer Land braucht Euch nicht? *Ich* brauche Euch!«, und ihre Worte sind, wie vieles aus ihren Schriften, heute nicht weniger aktuell als damals.

Ihr Sachverstand und ihre praktische Logik fallen auch den Professoren Max Sering und Alfred Weber auf, bei denen sie volkswirtschaftliche Vorlesungen besucht. Frauen sind an den preußischen Universitäten seit 1896 als Gasthörer zugelassen, haben aber nicht das Recht, akademische Prüfungen abzulegen. Ganz unbürokratisch und gegen den Widerstand des Dekans ermöglichen Sering und Weber der Autodidaktin trotzdem eine Promotion in Volkswirtschaftslehre, auch andere Kollegen ziehen mit; die gefürchtete Philosophieprüfung bei Professor Riehl verläuft glänzend. 1906 erhält sie die Promotionsurkunde. Alice Salomon ist eine der allerersten Studentinnen, die in Berlin ihr Studium mit einem akademischen Grad abschließen – zwei Jahre bevor sich die Friedrich-Wilhelms-Universität für Frauen öffnet. Nun geht es mit ihrer Karriere steil aufwärts. 1908 übernimmt sie die Leitung der neueröffneten Sozialen Frauenschule in Berlin-Schöneberg, die sich rasch entwickelt und Modell für andere Schulen im In- und Ausland wird. Alice Salomon möchte eine »hochschulartige Stätte« für Frauen schaffen, aufbauend auf der

Sozialen Frauenschule, so kommt es 1925 zur Gründung der »Deutschen Akademie für soziale und pädagogische Frauenarbeit«. Ihre organisatorischen Fähigkeiten sprechen sich herum, die Ämter häufen sich. Sie wird Schriftführerin im Internationalen Frauenbund, Vorsitzende der Konferenz sozialer Frauenschulen Deutschlands und des Internationalen Komitees sozialer Schulen. 1932 verleiht ihr die medizinische Fakultät der Universität Berlin den Dr. h. c. Zu ihrem 60. Geburtstag wird ein Haus der Sozialen Frauenschule in der Barbarossastraße in »Alice-Salomon-Schule« umbenannt.

Ehrung über Ehrung – und ein Jahr später, 1933, ist alles vorbei. Die Nationalsozialisten entheben sie ihrer Ämter. Weggewischt ein ganzes Lebenswerk, ein nichtarischer Name am Schulportal. Um einer »Gleichschaltung« der Akademie für Frauenarbeit zuvorzukommen, beruft Alice Salomon telegraphisch eine sofortige Vorstandssitzung ein, auf der die Auflösung der Schule beschlossen wird. Alle Papiere und Dokumente werden vernichtet. Nun ist sie arbeitslos, die so unermüdlich Tätige. Aber sie sucht sich eine neue Aufgabe, mit einigen Freunden gründet sie in Berlin ein kleines Hilfskomitee für jüdische und christliche Auswanderungswillige, eine Anlauf- und Beratungsstelle, die mißtrauisch beobachtet wird, wie alles, was sie tut.

Wahrscheinlich ist man auch über ihre Kontakte zur »Bekennenden Kirche« gut informiert. Sie ist überzeugte evangelische Christin, hat sich schon 1914 taufen lassen, ein Schritt, den ihre jüdischen Verwandten und Freunde mißbilligten. Durch einen jungen Pfarrer wird sie in die Dahlemer Kirche und den Kreis um Pastor Niemöller eingeführt. Sie besucht seine Gottesdienste, beteiligt sich an den Gesprächen in seiner Wohnung, dann, als der Kreis größer wird, trifft man sich im Gemeindehaus. Sie beobachtet, wie Niemöllers energisches Gesicht immer asketischere Züge annimmt, aber seine Predigten zunehmend machtvoller und eindringlicher werden: »Es waren diese unbedingte Ergebenheit in Gott, sein leidenschaftlicher Ernst und sein Mut, welche Menschen aus allen Teilen der Stadt zu Nie-

möllers Kirche hinzogen; sie kamen in solchen Massen, daß die Fahrkartenkontrolleure in der U-Bahnstation Dahlem verstärkt werden mußten. Die Menschen kamen schon eine Stunde vor Beginn des Gottesdienstes; einige brachten Klappstühle mit, andere standen während des langen Gottesdienstes und die übrigen blieben draußen und versuchten, so viel wie möglich zu verstehen. Gegen Ende seiner dortigen Zeit predigte Niemöller jeden Tag, im sicheren Bewußtsein davon, daß seine Freiheit und vielleicht sein Leben bald vorbei sein würden.«
Nach der Verhaftung Niemöllers und seiner Einlieferung ins Konzentrationslager übernimmt Otto Dibelius seinen Platz auf der Dahlemer Kanzel, und Alice Salomon ist von der Kraft seines Wortes nicht weniger beeindruckt. Sie hat diese Kraft nötig in der nächsten Zeit. Im Mai 1937 wird sie zur Gestapo bestellt und über ihre Auslandskontakte befragt. Nach dem vierstündigen Verhör befiehlt man ihr, Deutschland innerhalb von drei Wochen zu verlassen. Dies sei eine Anweisung, um das Konzentrationslager zu vermeiden. Sie kann es, will es nicht fassen, obgleich der Verstand ihr sagt, daß nichts anderes zu erwarten war: »Ich war von jüdischer ›Rasse‹; ich gehörte der kämpfenden protestantischen Kirche an; ich war eine progressive Frau, international eingestellt und daher pazifistisch. Zweifellos glaubten sie, daß ich außerhalb des Landes weniger schaden würde als im Lande.« – Sie bringt – ohne Panik – ihre Sachen in Ordnung, löst die Wohnung auf, schreibt einen Abschiedsbrief an die Freunde und verläßt Deutschland am 12. Juni 1937. Der Schatten des Dritten Reiches verfolgt sie bis nach New York: 1939 wird ihr die deutsche Staatsbürgerschaft aberkannt und der 1906 erworbene Doktorgrad an der Berliner Universität für nichtig erklärt.
»Nicht wo ich ein bequemes Leben habe sondern wo ich nützlich sein kann, dort ist mein Vaterland«, hat sie sich aus Goethes Wilhelm Meister notiert. Es gehört zur Tragik ihres Lebens, daß sie in den letzten Jahren im Exil keine sie erfüllende und befriedigende Aufgabe mehr gefunden hat.

Politik – mehr als das halbe Leben

Marie Elisabeth Lüders
(1878–1966)

Was macht man – in den neunziger Jahren des vorigen Jahrhunderts – mit einem Mädchen, das sich vor nichts fürchtet, das Sport treibt wie ein Junge und den politischen Teil der Tageszeitung liest, statt am Stickrahmen zu sitzen? Die Mutter ist ratlos, der Vater, der Geheime Oberregierungsrat Karl Lüders, nimmt es mit Humor, daß seine Jüngste, lang, schlaksig, neugierig, mit Bubikopf und schlagfertigem Mundwerk, wohl nie unter die Haube kommen wird. Marie Elisabeth aber fühlt sich wohl in ihrer Haut und im Berliner »Geheimratsviertel« zwischen Lützowplatz und Charlottenburger Knie, wo sie mit den fünf Geschwistern und unter Spielgefährten aus Professorenhäusern und Dienstbotenwohnungen aufwächst. Es gab wenig Luxus in dieser Gegend, aber Bücher und jede Menge Kinder: 122 bei den 17 befreundeten Familien der nächsten Umgebung. Der Garten hinter dem Haus in der Uhlandstraße war eine Löwenzahnwildnis mit Eidechsen und dem Blick über Kartoffeläcker und Getreidefelder bis zu den Kiefern hinter der hölzernen Halenseebrücke.

Im Hause Lüders, wie in den Häusern ringsum, wurde musiziert und debattiert. Der Vater sammelte nicht nur wertvolles Porzellan – die Tochter war seine Verbündete beim Einschmuggeln ins Haus an der strengen Mutter vorbei – er hatte auch eine soziale Ader. Er unterstützte den Letteverein bei dessen Bemühungen um praktische Mädchenbildung, das Pestalozzi-Fröbel-Haus und die Viktoria-Fortbildungsschule – kein Zweifel, daß Marie Elisabeth von diesem Vorbild stark geprägt wurde. Nach dem Besuch einer Höheren Töchterschule ohne Mathematik, Physik und Chemie, »weil das Mädchen sowieso nicht verstehen«, und einigen unbefriedigenden Weiterbildungsversuchen auf musischem, hauswirtschaftlichem und sozialem Gebiet wird sie schließlich Mitarbeiterin in der Berliner Zentrale für private Fürsorge. Die praktische Tätigkeit regt sie zu theoretischen Fragen an, sie möchte Zusammenhänge erkennen, den Dingen auf den Grund gehen. Sie möchte studieren.

Als die Berliner Universität 1908/9 endlich Frauen zum regulären

Studium zuläßt, immatrikuliert sie sich sofort. In den juristischen Kollegs und Seminaren ist sie die einzige Frau, das Füßescharren bei ihrem Eintritt ins Auditorium nimmt sie gelassen. 1910 holt sie vor einer Prüfungskommission das humanistische Abitur nach, mit 32 Jahren, zwei Jahre später promoviert sie magna cum laude in Staatswissenschaften. Eiserne Energie und messerscharfe Logik, einen »männlichen« Verstand bescheinigt man ihr. Ihr Dissertationsthema »Fortbildung und Ausbildung der im Gewerbe tätigen weiblichen Personen und deren rechtliche Grundlagen« weist in den juristischen Bereich der Sozialarbeit, der ihr besonders liegt.

Sie wird erste Wohnungspflegerin in Charlottenburg – ein Beruf, den sonst kräftige Männer ausüben: Hausbesuche in Hinterhöfen – »Mutta, mach die Fenstern uff, det lange Frollein kommt!« – Alkoholikerbetreuung, jugendliche Arbeitslose. Nach Ausbruch des Ersten Weltkrieges baut sie mit Gertrud Bäumer und Hedwig Heyl den Nationalen Frauendienst auf, ein Großprojekt des Bundes Deutscher Frauenvereine zur Linderung der kriegsbedingten sozialen Not. Sie steht der Charlottenburger Kriegsfürsorgestelle vor und übernimmt 1915 die Leitung der sozialen Hilfsstelle für Frauen in dem von Deutschen besetzten Belgien. Ein Jahr später wird ihr vom Kriegsministerium in Berlin die Leitung der gesamten Frauenarbeit in Deutschland übertragen. Die Erfahrungen aus dieser Zeit hält sie in einem Buch fest: »Das unbekannte Heer. Frauen kämpfen für Deutschland 1914–1918« – eine Würdigung dieses Fraueneinsatzes, die ihr die Kritik der Pazifistinnen einträgt.

Nachdem Frauen schon seit 1908 politischen Parteien beitreten konnten – vorher verbot dies das Preußische Vereinsgesetz »Frauenspersonen, Geisteskranken, Schülern und Lehrlingen« – erhielten sie 1918 auch das hart erkämpfte aktive und passive Wahlrecht. Damit war für Marie Elisabeth Lüders der Weg in die Politik frei, ein für Frauen immer noch sehr ungewöhnlicher Weg. 1919 zieht sie als Vertreterin der Deutschen Demokratischen Partei in den Reichstag ein. Ihr Sachverstand, vor allem aber ihre Zivilcourage lassen bald die Stimmen verstummen, die einer Frau dies Amt und die mühselige Arbeit in den Ausschüssen nicht zutrauen. Sie kämpft erfolgreich für die Zulassung von Frauen zu juristischen Berufen und für eine Refom des Familienrechts. Eine Lex Lüders regelt das Nationalitätenrecht bei der Heirat einer Deutschen mit einem Ausländer.

Auch außerhalb des Parlaments tritt die Politikerin für die Belange der Frau ein. An der Weltwirtschaftskonferenz in Genf 1927/28 nimmt sie für den Frauenweltbund, den Weltbund für Frauenstimmrecht und den Bund Deutscher Frauenvereine teil. Diese internationalen Beziehungen erweisen sich später als sehr hilfreich. Dem Protest ausländischer Frauenverbände verdankt sie 1937 ihre Freilassung aus viermonatiger Gestapohaft. Man hatte der seit 1933 unter Schreib- und Redeverbot Stehenden »Heimtücke« vorgeworfen, was immer damit gemeint war. Vielleicht ihre trockene Art, nicht Parolen, sondern Fakten sprechen zu lassen, so, wie sie schon am 3. Oktober 1930 in einem Wahlbericht der Vossischen Zeitung einfach Zahlen auflistet: 204 122 Stimmen von Frauen für die NSDAP in Berlin, unter den Kandidaten keine einzige Frau.

An die Zeit im Gestapogefängnis am Alexanderplatz denkt M. E. Lüders nicht nur mit Schrecken zurück, sie hat dort auch echte Hilfsbereitschaft erfahren. Bei ihrer Einlieferung in die Gemeinschaftszelle nach mehrstündiger Fahrt im Gefangenenwagen und einem Zwischenhalt im berüchtigten »Plötzensee« kümmern sich die Zellengenossinnen, alles Metallarbeiterinnen, »Politische«, rührend um sie: »Die Frau wird erst jewaschen, sie bekommt det beste Bette und noch eene Decke extra unter det Laken!« Auch in den folgenden Wochen darf sie weder ihr Bett selber machen noch den Fußboden scheuern: »Mit die zarten Fingerkens wird det doch nischt.« Dafür muß sie erzählen, alles, was sie im Kopf hat, aus ihrem Leben, Geschichten aus der Bibel, Märchen. Am wirkungsvollsten sind Balladen, die sie noch einigermaßen auswendig kann, Der Taucher, Die Bürgschaft, Die Kraniche des Ibikus. Bei biblischen Wundern, besonders bei der

Erweckung des Lazarus, geben sich die Arbeiterinnen, die ohne religiöse Unterweisung aufgewachsen sind, skeptisch.
Marie Elisabeth Lüders bleibt auch nach ihrer überraschenden Entlassung unter Beobachtung der Gestapo. Die Bespitzelungen setzen ihr so zu, daß sie sich in eine Klinik begibt, um Ruhe zu haben, aber selbst hier stöbert man sie auf. Dann sorgen die Bombardierungen für Aufregungen anderer Art. »Das größte Feuerwerk aller Zeiten«, schreibt sie sarkastisch an ihre Freundin. Ihre Berliner Wohnung wird im Dezember 1943 zerstört. Die Alleinstehende wird nach Süddeutschland evakuiert, da eine Knieverletzung ihr das rasche Aufsuchen des Luftschutzkellers unmöglich macht. Das Kriegsende erlebt sie im kleinen fränkischen Dorf Brombach. Sie hält sich mit Aushilfsarbeiten in einer Buchbinderei und mit Lateinnachhilfe über Wasser, übersetzt amerikanische Liebesbriefe und leitet schließlich eine amerikanische Militärschule in Oberammergau, bevor sie 1947 nach Berlin zurückkehrt – ohne Papiere. Sie kann sich nicht ausweisen, alle Register verbrannt, auch das ihrer Taufgemeinde von Zwölf-Apostel. Ein alter Beamter, der sie von früher kennt, bescheinigt ihr schließlich ihre Existenz, und sie erhält eine befristete Zuzugsgenehmigung und die damit verbundene Lebensmittelkarte. Bekannte in Ruhleben nehmen sie auf, da ihr Haus noch von Flüchtlingen voll belegt ist.
Politisch macht sie, wie selbstverständlich dort weiter, wo sie vor Anbruch der NS-Zeit aufgehört hat. Für die FDP, deren Vorstand sie angehört, rückt sie in den Berliner Magistrat ein. Als Stadträtin für das Sozialwesen hat sie mit ihrem Amt menschlich und organisatorisch fast Unmögliches zu bewältigen: Von 1949 bis Mitte 1953 strömen über 617 000 Flüchtlinge aus der sowjetischen Zone in die Stadt. Wohin mit 300 000 Arbeitslosen? Mit den ehemaligen Kriegsgefangenen? Allein 1949 kehren 24 000 nach Berlin zurück. Viele sind verletzt, krank, invalide. Ein Spezialdienst für Kriegsversehrte muß eingerichtet werden, der auch die Familien mit betreut, neue klinische Abteilungen sind erforderlich, Altentagesstätten für die

150 000 alleinstehenden Alten fehlen. – Womit beginnen? Alles ist nur ein Tropfen auf dem heißen Stein. Die Notaufnahmelager, unwirtliche Holzbaracken, quellen über, begünstigen die Kriminalisierung entwurzelter Jugendlicher, die Flüchtlinge können nicht schnell genug ausgeflogen und in den verschiedenen Bundesländern untergebracht werden.

Aber es gibt auch Erfreuliches: die gute Zusammenarbeit von Behörden, Wohlfahrtsverbänden, Kirchen und den alliierten Besatzungsmächten. Dann die Hilfsbereitschaft des Auslandes, die unzähligen Spendenaktionen von Care, Unicef, dem Roten Kreuz; die Kinderverschickungen nach Westdeutschland. Auch eine Universität soll aufgebaut werden, eine Freie Universität, ohne Auflagen für Forschung und Lehre. Das Wort »frei« hat für Marie Elisabeth Lüders einen hohen Stellenwert, Freiheit ist ein Grundelement ihres Lebens, daran mißt sie jede Gesellschaft. Sie sitzt tagelang, wochenlang auf einer alten Holzkiste – alles ist improvisiert in diesem Haus in der Bolzmannstraße – und prüft die Studienwilligen für eine Aufnahme in die Universität. Die meisten sind Heimkehrer aus der Gefangenschaft, das Abitur liegt lang zurück und der Wissensstand ist entsprechend. Deshalb wird erst einmal ein »studium generale« auch für die Absolventen der Technischen Universität eingerichtet. Bis der reguläre Studienablauf allmählich in Gang kommt, hält Frau Dr. Lüders selbst Vorlesungen. Sie ist nun über siebzig, hätte das Pensionsalter längst erreicht, aber es brennen ihr noch so viele Probleme auf den Nägeln, sie kann nicht aufhören.

Das Schicksal Berlins treibt sie um, besonders nach dem 17. Juni 1953, jenem Tag, an dem die Bauarbeiter der Stalinallee sich zusammenrotteten und zum Zentralgebäude der SED zogen, um die Herabsetzung der immer höher geschraubten Arbeitsnormen zu fordern. Die Sprechchöre: »Kollegen, reiht euch ein, wir wollen freie Menschen sein!« Die sowjetischen Panzer, die den Aufstand überrollten. Die Verwundeten und Toten: »Trauer und Haß blieben zurück. Die sowjetische Flagge stieg auf dem Brandenburger Tor wieder auf, von wo ein paar mutige

Arbeiter sie niedergeholt hatten. Sie weht dort noch heute.« –
Eine Herausforderung für die Politikerin, Anlaß auch, sich nicht
zu versagen, als die Berliner FDP sie im Sommer 1953 bittet, Berlin im Bonner Bundestag zu vertreten. Sie wird Alterspräsidentin – nur Bundeskanzler Adenauer ist noch zwei Jahre älter –,
aber sie betrachtet dies nicht als passives Ehrenamt, sondern
stürzt sich sofort in die parlamentarische Feinarbeit: sich sachkompetent machen, den Gegner mit seinen eigenen Waffen
schlagen. Sie kämpft nicht polemisch, aber hart und furchtlos.
Als der Bundesbevollmächtigte für Berlin auf einem Empfang
Adenauer versichert, er kenne die Abgeordnete Lüders nur liebenswürdig, antwortet dieser trocken: »Da haben Se aber Jlück
jehabt, Vockel!«
Die »Lange Dürre« aus Berlin arbeitet in wichtigen Ausschüssen
mit: für Inneres, für Gesundheit und für Recht, mit dem Unterausschuß Familienrecht. Ihre alten Themen, aber nicht die alten,
sondern neue Fragestellungen interessieren sie. Zeitströmungen
in den Griff bekommen. Ihre Reden im Plenum sind kurz und
prägnant, doch jeder spürt die innere Anteilnahme. So am 15.
Oktober 1957, als sich der Dritte Deutsche Bundestag zu seiner
konstituierenden Sitzung in der neuerbauten Berliner Kongreßhalle zusammenfindet: »Andere Parlamente tagen in historisch
weltberühmten Gebäuden, uns hat die Kriegsfurie auch das Parlament geraubt. Aber es lebt in uns das unzerstörbare Gefühl für
den Auftrag aus den Worten über dem Hauptportal des alten
Reichstages ›Dem Deutschen Volke!‹ ... Es wird – ich glaube es
bestimmt – in gemeinsamer Arbeit ein Weg gefunden werden,
mit Verstand und gegenseitigem Verständnis zu einer Verständigung zu gelangen, die allmählich auch die geistig-seelischen
Schranken überwindet, die durch die erzwungene räumliche
und politische Zweiteilung unsere Einheit bedrohen.« – Die
Wiedervereinigung: ihr zentrales Anliegen in diesen letzten Jahren, nachdem auf dem sozialen Sektor vieles, wofür sie sich eingesetzt hat, erreicht ist. Berlin eines Tages wieder Hauptstadt
eines geeinten Deutschlands – die so nüchtern-realistische Politi-

kerin glaubt daran, wider alle Rückschläge der Tagespolitik. Den härtesten Rückschlag erlebt sie am 13. August 1961, dem Tag des Mauerbaus: »Viele Berliner fragen sich besorgt, ob nach dem 13. August 1961, nach Stacheldraht und Betonmauer, nach Schießen auf fliehende Menschen, der Westen nun endlich begriffen hat, was ist und was man eventuell noch zu erwarten hat. Diese Frage ist kein Zeichen böswilliger Kritik, kein Zeichen der Angst um die eigene Existenz, sie ist aber das Resultat eines bedenklichen Vertrauensschwundes in die Weisheit von Bonn.« Eine kurzfristige Lösung hat sie auch nicht anzubieten, doch sie setzt auf eine »zunehmende Aufweichung des völlig verhärteten Verhältnisses Deutschland-Rußland«.
Die Rede, mit der sie sich am 22. August 1961 nach zwei Legislaturperioden vom Deutschen Bundestag verabschiedet, umfaßt nur fünf Sätze. Zweimal kommt darin »Friede und Freiheit« vor. Sie hofft, daß aus einer Parole eine Tatsache wird.
Sie ist nun 83 und schreibt ihre Lebenserinnerungen auf, das, was sie an die Nachfolgenden weitergeben möchte: »Fürchte dich nicht«, der Anfang ihres Konfirmationsspruches, der sie durch all die Jahrzehnte begleitet hat. Dem Gang durch mehr als 80 Jahre hat sie einen Horaz-Spruch vorangestellt:

>»Halb vollendete schon, wer mutig begann,
>wage es, mutig zu sein – beginne!«

Sie ist dieses Wagnis immer eingegangen, ist aus der Reihe getreten, wenn es nötig war, hat gehandelt, ohne vor unbequemen Konsequenzen zurückzuschrecken. Die Bundesrepublik verlieh ihr das Große Verdienstkreuz mit Stern und Schulterband, die Freie Universität Berlin den Dr. med. h. c. und die Bonner Universität den Dr. jur. h. c.
Knapp vor ihrem 88. Geburtstag starb sie am 23. März 1966 in Berlin. Bis zuletzt hatte sie Anteil am politischen Geschick dieser Stadt genommen, deren Ehrenbürgerin sie war. Vier Epochen deutscher Geschichte hat sie durchlebt, sie war die letzte der geschichtsprägenden Frauengestalten aus der Weimarer Zeit.

Acht Jahrzehnte Theater

Tilla Durieux
(1880-1971)

»Meine ersten neunzig Jahre« nennt Tilla Durieux ihre Lebenserinnerungen. Die Welt ist eine große, bunte Bühne. Die Schauspieler, die Kulissen wechseln, nur die Hauptdarstellerin tritt nicht von der Rampe zurück. Sie schlüpft in ein neues Kostüm, eine neue Haut und spielt weiter, Rollen aus Textbüchern und aus dem Leben, angelernte und improvisierte, alle mit vollem Einsatz. Ein Stück in neun Bildern, dazwischen immer ein Jahrzehnt.

1. Bild: Wien 1890

Ein gutbürgerliches Wohnzimmer mit schweren Eichenmöbeln. Am Tisch ein Mädchen, zehn Jahre alt, den Kopf in die Hände gestützt. Es liest sich eifrig und selbstvergessen mit halblauter Stimme in einen Sommernachtstraum hinein, in Oberons Elfenreich. Daneben liegt ein zerfledderter Roman der Marlitt. Das Mädchen ist allein, fühlt sich einsam ohne Geschwister, ohne Spielgefährten. Der Vater, ein kränkelnder Chemieprofessor, ist entrückt, die Mutter unnachsichtig. So erfindet es sich seine Freunde, gibt ihnen seltsame Namen und spricht mit ihnen in feierlichen Sätzen aus den gelesenen Büchern. Beschwört vor dem hohen Spiegel, in eine Gardine gehüllt, eine Legion von Untertanen, bis die Mutter mit strenger Miene dem Theater ein Ende macht. Ertappt. Ans Klavier und üben. Aus dem Kind soll etwas Rechtes werden. Eine Pianistin, oder wenigstens eine Klavierlehrerin.

2. Bild: Wien 1900

Eleven-Vorstellung in der Theater-Vorbereitungsschule des Hofschauspielers Arnau. Ländliches Bühnenbild, Tilla Durieux, wie sich Ottilie Godeffroy nun nennt, als robust zupackende Bäuerin Marie in einem Dorf der Picardie. Die Rolle paßt zum herben Gesicht und den kantigen Bewegungen der Zwanzigjährigen, die lieber eine zierliche Naive gespielt hätte. Aber immerhin: sie hat es durchgesetzt, sie wird Schauspielerin. Im Parkett sitzt ein Theateragent aus Mähren, der hinter dem »schlichten

Äußeren« der Elevin eine eigenwillige Begabung entdeckt und ihr einen Vertrag nach Olmütz anbietet.

3. Bild: Berlin 1910

Premierenabend im Zirkus Schumann. Ein kühner und ehrgeiziger Plan des Regisseurs Max Reinhardt wird in Szene gesetzt auf der umgebauten Pferderampe: mit Hofmannsthals Bearbeitung des König Ödipus von Sophokles soll das griechische Theater auferstehen; da die Bühnen der Berliner Theater dafür zu beengt sind, wurde kurzerhand der riesige Zirkusbau gemietet, und Reinhardt dirigiert souverän die Massenszenen und seine Stars, Paul Wegener als Ödipus, Alexander Moissi als Teiresias, die Durieux als Jokaste.

Dem großen Regisseur verdankt Tilla Durieux viel; ohne ihr eigenes subtiles Rollengespür zu ersticken, führt er sie behutsam zu einer Ausweitung ihrer Ausdrucksmittel und ihrer Persönlichkeit bis hin zum Morbiden, zum Dämonischen. Er hatte sie 1903 aus Breslau nach Berlin geholt, unter ihm spielte sie Oscar Wildes Salomé, den Oberon im Sommernachtstraum auf der ersten Drehbühne Berlins, die Jennifer in Shaws Erfolgsstück »Der Arzt am Scheidewege«, Hebbels Judith und die Eboli neben Bassermann im Don Carlos.

Unten in der Zirkusloge sitzt der zweite Mann, der die junge Schauspielerin geformt und geprägt hat: der Kunsthändler Paul Cassirer, mit dem sie – nach der Scheidung von dem liebenswürdigen, aber ihren Eruptionen nicht gewachsenen Maler Eugen Spiro – seit einigen Monaten verheiratet ist. Er führt sie in seiner Galerie in der Viktoriastraße und im Café des Westens in die Berliner Gesellschaft und die Bohème ein, macht sie mit Künstlern und Kritikern, mit Schriftstellern und Verlegern bekannt. Eine schillernde private Bühne tut sich da vor ihr auf mit Darstellern wie dem mächtigen Gerhart Hauptmann, Frank Wedekind, dem »erhabenen Clown mit dem Januskopf«, der schrill gewandeten und sich schrill gebärdenden Else Lasker-Schüler, die sich Prinz Jussuf von Theben nennt, und ihrem zierlichen Ehemann

Herwarth Walden, der »zu schöngeistig war, um sich mit einem plebejischen Beruf zu belasten«.
Der Premierenabend im Zirkus Schumann – ein Theaterereignis im verwöhnten Berlin. Tilla Durieux verschafft er einen Vertragsabschluß zu einem Gastspiel am Deutschen Theater in Petersburg. Sie läßt sich mittragen auf einer Woge des Rausches: »Arbeitslust, Lebensfreude füllten Berlin bis zum Platzen, und kein Mensch ahnte, daß in unserem tollen Reigen das Kriegsgespenst drohend mittanzte.«

4. Bild: Berlin 1920
Bühne des Staatstheaters am Gendarmenmarkt, des früheren Königlichen Schauspielhauses, in dem jetzt unter Leopold Jessner ein neuer Wind weht. Der Krieg hat nicht nur zerstört, sondern auch Kräfte freigesetzt. Wedekinds »Marquis von Keith« wird – holzschnittartig – in schwarzen Kleidern vor weißen Paravents gespielt, nur die Durieux als Gräfin Werdenfels in feuerroter Perücke, Partnerin des jungen Fritz Kortner. Sie liebt das Extravagante, Herausfordernde dieser Rolle, das Prickeln im Publikum, das ihr der Stummfilm nicht bieten kann.
Draußen auf der Straße rollt in diesen Märztagen des Jahres 1920 indes ein anderes Stück ab: Kapp-Putsch. Eine Nacht- und Nebelaktion der Monarchisten. Flucht der Regierung, Generalstreik, Schüsse am Potsdamer Platz. Cassirer, »der die französische Dreckkunst zu uns gebracht hat« (Kaiser Wilhelm II.), steht auf einer Liste der Unerwünschten. Bilder werden in Sicherheit gebracht, Barlach wohnt zu dieser Zeit im Haus, Kokoschka ist Gast, Paul Cassirer setzen Herzanfälle zu. Das Stück endet abrupt, wie es begonnen hat, die Putschisten fliehen, die alte Regierung kehrt zurück, Kokoschka kann sein Porträt der Durieux beenden. Ihr Gesicht, das sich der Filmleinwand sperrt, fordert Künstler immer wieder heraus: Renoir, Liebermann, Corinth, Slevogt, Gulbransson porträtieren sie, Barlach modelliert ihre widerspenstigen Züge, immer in anderen Rollen, immer unverkennbar die Durieux.

5. Bild: Berlin 1930

Eine feudale Villa draußen in Wannsee. Ein privates Stück wird inszeniert: Empfang bei Ludwig Katzenellenbogen, dem Generaldirektor der Brauereien Schultheiss-Patzenhofer. Die feine Geldaristokratie Berlins fährt vor, Bankiers, Fabrikanten. Tilla Durieux, seit dem 28. Februar 1930 mit dem Hausherrn verheiratet, hält die Regiefäden in der Hand, aber das Stück langweilt sie, artige Konversationsszenen, Mode, Börsennotierungen. Die Bilder an den Wänden werden als Spekulationsobjekte taxiert. Sie sehnt sich in die Viktoriastraße zurück, zu dem Mann, der ihr die Welt aufschloß und sie dann doch darin einsperrte, bis sie ihn deshalb verlassen wollte. Ein Alptraum, was folgte: Paul Cassirer erschoß sich in der Kanzlei des Scheidungsanwalts, sie war die Schuldige – war sie es? Selbstvorwürfe, Trotz. Dagegenanspielen mit Tourneen durch Deutschland, Holland, Österreich und die Schweiz. Mit der Zarin in »Rasputin« bei Piscator im Theater am Nollendorfplatz. Mit Filmen wie »Die Frau im Mond« unter Fritz Lang. Dagegenanschreiben mit einem Roman: »Eine Tür fällt ins Schloß.« – Vergeblich, die Vergangenheit läßt sich nicht ruhigstellen. Und draußen marschieren in wohlformierten Trupps mit zukunftssicheren Gesichtern die Braunhemden über die Arbeitslosen und Bettler hinweg. Ende der goldenen zwanziger Jahre.

6. Bild: Zagreb 1940

Kleine Zweizimmerwohnung im ausgebauten Haus einer Zagreber Bekannten. Ein Leben aus dem Koffer. Ludwig Katzenellenbogen, dem man in Berlin den Prozeß gemacht hat, hat sein Vermögen verloren. Tilla Durieux kann als Frau eines Juden im »Reich« nicht mehr spielen, Gastspiele in anderen Ländern werden immer schwieriger. Bilder müssen verkauft werden, um die mühsam beschafften Pässe von Honduras zu finanzieren. Es gibt Anzeichen einer Hitlerinvasion in Jugoslawien, die deutsche Emigrantin rennt von Konsulat zu Konsulat, um ein Visum zu ergattern. Ludwig Katzenellenbogen verkennt die Gefahr, ist nicht einmal bereit, ein Visum für Amerika zu beantragen – sein späteres Verhängnis.

7. Bild: Zagreb 1950

Werkstatt eines Puppentheaters. An der Nähmaschine, zwischen überhitztem Kohleöfchen und zugiger Hinterhoftür Tilla Durieux. Sie schneidert Phantasiekostüme für die Stabpuppen des Vlado Habenuk, der mit staatlicher Förderung historische Puppenspiele aufführt. Sieben Stunden täglich und manchmal auch nachts arbeitet sie nun nicht auf, sondern hinter der Bühne. In ihrem neuen jugoslawischen Paß steht als Beruf: Schneiderin. »An das richtige Theater konnte ich nicht denken, und ich wollte es auch nicht, denn ich dachte, diese Zeit meines Lebens sei abgeschlossen.« Aber insgeheim memoriert sie zum Gedächtnistraining Zeitungskolumnen und fährt mit dem Finger die alten Straßen auf dem Berliner Stadtplan ab. In Deutschland scheint man sie vergessen zu haben, oder man glaubt, sie sei umgekommen wie ihr Mann, der den deutschen Besatzungstruppen in die Hände gefallen war, während sie sich in Belgrad um ein Visum bemühte. Die deutsche Presse nimmt keine Notiz davon, daß 1946 in Luzern ein Stück der Autorin Tilla Durieux seine Uraufführung hatte: »Zagreb«, die Umsetzung ihrer Erlebnisse im jugoslawischen Widerstand.

8. Bild: Berlin 1960

Gute Stube einer Kleinbürgerwohnung, festlich gedeckter Tisch. Tilla Durieux allein auf der Bühne. Sie spielt die Putzfrau Bornemann in Dengers Stück »Langusten«. Sie *ist* Marie Bornemann, diese abgearbeitete Frau im Feiertagskleid, die mit einer Languste auf dem Tablett auf die Geburtstagsgäste wartet, auf die alten Freunde, auf den Sohn, den vielbeschäftigten. Niemand kommt. Wie die Durieux die geschäftige Hausfrau, die angespannt Wartende, schließlich die enttäuscht aufs Sofa sinkende alte Frau mit sparsamster Mimik und Gestik gestaltet, rührt das Publikum an, nicht nur in Berlin, auch auf den vielen Tourneen durch die Bundesrepublik. Die zweite Karriere der Tilla Durieux. Boleslaw Barlog hatte sie 1952 aus der Verschollenheit des Exils wieder nach Berlin geholt. Als Partnerin von Ernst Deutsch trat sie in einem Stück von Christopher Fry im Schloßparktheater auf. Mit 72 – nach fast zwanzig Jahren – wieder auf den Brettern Berlins, tapfer überspielt sie die Angst vor dem Versagen und verwehrt sich auch den neuen Medien nicht. Film-, Fernseh- und Rundfunkaufnahmen und dazwischen immer wieder Gastspielreisen – sie freut sich über die noch vorhandene Kraft. »Eine Tür steht offen« überschreibt sie ihre 1954 erschienenen Memoiren.

9. Bild: Berlin 1970

Matinee zum 90. Geburtstag der Schauspielerin – inzwischen Staatsschauspielerin – im Schillertheater. Bernhard Minetti spricht im Namen des Ensembles, die Laudatoren heben ihre nicht ermüdende Gestaltungskraft hervor, mit der sie in den letzten Jahren noch neue Rollen ausprägte: die Alte in Ionescos tragischer Farce »Die Stühle« oder die Aurélie in Giraudoux' »Die Irre von Chaillot«. Sie ist Meisterin in der Darstellung von Alterstragik, eine Tragik, die auch in ihr eigenes Leben greift. Alle »Weißt-du-noch-Menschen« sterben weg, es wird einsam um sie, sie ist an keinem Theater mehr richtig heimisch, überall nur Gast. Der Kritiker Friedrich Luft beklagte das schon an ihrem 85. Geburtstag: »Man läßt sie künstlerisch heimatlos. Kein Ensemble hat sie aufgenommen, kein Intendant fest an sein Haus (zu Schmuck und Ehre seines Hauses) gebunden.« Deshalb hat sie auch kein Geschenk zum 90. Geburtstag so gefreut wie die Ehrenmitgliedschaft beim Ensemble des Deutschen Theaters in Ostberlin, jenes Theaters, bei dem 65 Jahre zuvor ihre erste Laufbahn unter Max Reinhardt begonnen hatte. Und Auftrieb gab ihr ein anderes Geburtstagsgeschenk aus Wiesbaden: eine Rolle in Anouilhs »Einladung ins Schloß«.

Epilog

Tilla Durieux konnte der Einladung ins Schloß nicht mehr folgen. Ein halbes Jahr nach ihrem 90. Geburtstag stürzt die »gelernte Berlinerin«, wie sie sich immer bezeichnet hat, in ihrer Wohnung in der Bleibtreustraße so unglücklich, daß sie sich einen Oberschenkelhalsbruch zuzieht. An den Folgen der Operation stirbt sie am 21. Februar 1971 im Oskar-Helene-Heim. Schon vorher hatte eine schmerzhafte Arthritis ihr das Gehen beschwerlich gemacht, ohne daß sie es sich anmerken ließ; im Alter doch wieder eine Heroine, allerdings ohne das Pathos der Moissi-Ära. Wien habe ihr zwar die Heiterkeit geschenkt, aber Berlin die Ausdauer und das eiserne Wollen, sagte sie, und auf die Frage, woher sie denn die innere Kraft zu diesem aufregenden und intensiven Leben geschöpft habe, antwortete sie: »aus meinem Humor, aus meinem Kampfwillen und aus den Worten von Angelus Silesius ›Mensch werde wesentlich!‹«

Weeste noch ...

Claire Waldoff
(1884-1957)

Eine derbe Frau mit rauher Kehle und aggressivem Gemüt, unter Großstadtpflanzen ein Prachtexemplar der Asphalt-Botanik: so der Dichter Joseph Roth über Claire Waldoff, *die* deutsche Chanson-Sängerin der zwanziger Jahre. Gerade ihre übersteigert schnoddrige Nüchternheit findet er erotisch und künstlerisch reizvoll; nicht die Nachtigall in der Baumkrone hört er, wenn sie ihre Lieder unters Volk schmettert, sondern den Straßenspatz auf dem Telegraphendraht, robust, unbekümmert, keß, doch nicht ohne leise, tragische Zwischentöne. Sie verkörpert ein Stück Zeitgeschichte, Berliner Geschichte, Überlebensgeschichte, die kleine burschikose Rothaarige, die da »Das Lied vom Vater Zille« singt oder in breitestem Berliner Jargon »August, reg dir bloß nich uff« und »Warum kiekste mir denn immer uf de Beene?«.
Man reihte sie unter die »Berliner Pflanzen« ein, ein Ehrentitel, den der Volksmund längst nicht jeder Berlinerin verleiht. Dabei ist sie gar nicht mit dem berühmten Spreewasser getauft, sondern stammt aus dem »Kohlenpott«, aus Gelsenkirchen. Aber wenn jemand die These, eine echte Berlinerin müsse auch in Berlin geboren sein, überzeugend widerlegt, dann sie. Sie fühlte sich nie als Zugereiste, von dem Augenblick an, als sie mit ihrem alten Korbkoffer am Schlesischen Bahnhof eintraf, von Kattowitz her, Fahrkarte »4ter Güte«, war sie hier heimisch. »Ich empfand gleich das Besondere dieser Stadt, das unerhörte Tempo, das Temperament, das unglaubliche Brio«, hält sie in ihrem Erinnerungsbuch »Weeste noch ....« fest. Von morgens bis abends fuhr sie mit der Straßenbahn quer durch die Stadt, sog sich voll mit Eindrücken und aß bei Aschinger für dreißig Pfennig Erbsensuppe mit Speck. Sie war 21 und träumte von der großen Karriere. Aber sie träumte handfest, mit praktischem Sinn für das Machbare und Mögliche. Schon früh hatte sie gelernt, sich einzuordnen, aber auch auszubrechen, sich Freiräume zu schaffen, aus ihrem eigenwilligen Aussehen, ihren roten Haaren Kapital zu schlagen.
Als siebtes von zwölf Kindern des »konfessionslosen Freiden-

kers« Wilhelm Wortmann und seiner katholischen Ehefrau Clementine ist sie im amtlichen Melderegister ihrer Geburtsstadt Gelsenkirchen eingetragen. Sie selbst berichtet in ihren Erinnerungen von 15 Geschwistern, sie als Elfte geboren – auf ein Kind mehr oder weniger kommt es da nicht mehr an. Jedenfalls ragt die quirlige, aufgeweckte Clara schon früh aus der Geschwisterschar heraus, aus ihr soll einmal etwas werden. Der Vater, für einen Schankwirt und ehemaligen Bergarbeiter nicht selbstverständlich, bringt die wißbegierige Zwölfjährige in Helene Langes ersten Mädchengymnasialkursen in Hannover unter. Die Schulanforderungen sind hart, und daneben lockt das »Großstadtleben« Hannovers: Café Kröpke als Mittelpunkt der Welt, Theater- und Opernbesuche, die wie ein Blitz in das Mädchengemüt einschlagen und das geplante Medizinstudium vergessen lassen. »Mit einem Hemd und einem Paar Strümpfen ging ich zum Theater ... Ich habe mit Wonne gehungert und gedarbt«, schreibt sie in ihrer Biographie – und heißt fortan Claire Waldoff.
1903 mit vierzig Mark Monatsgage erstes Engagement am Fürstlichen Sommertheater in Bad Pyrmont als Naive und jugendliche Liebhaberin. Wo immer sich Gelegenheit bietet, springt sie auch in andern Rollen ein; eine gute Vorübung für ihre späteren Auftritte, dieses blitzschnelle sich Hineinfinden in unbekannte Texte, das geschickte Überspielen von Unsicherheiten und Schwächen. Die nächste Spielzeit am Interimstheater in Kattowitz bringt schon 60 Mark monatlich, immer noch zuwenig allerdings, um sich eine angemessene Theatergarderobe leisten zu können. So trägt sie ihre einzigen vorzeigbaren Stücke, hohe Schnürlackstiefel, weiße Federboa und eine dicke falsche Perlenkette, bei allen möglichen und unmöglichen Gelegenheiten. Mit einer Wandertruppe arbeitsloser Schauspieler tingelt sie durch die Provinz, drei Stücke im Repertoire, die alle »im Garten« spielen müssen, da neben einem alten Feldbett nur Gartenstühle als Requisiten zur Verfügung stehen. Je schlechter besucht die Vorstellungen sind, um so üppiger wuchern die Träume: eines Tages

würde sie Else Lehmann sein oder Else Bassermann, oder gar die Sorma...
Daß beruflicher Aufstieg, künstlerisches Weiterkommen und Anerkennung in der maßgeblichen »Szene« nur in der Hauptstadt möglich sind, weiß Claire genau. Der Sprung nach Berlin gelingt ihr mit Hilfe einer ehemaligen Schulkameradin, die als Schauspielerin im Ensemble Olga Wohlbrücks auftritt und Claire dort einführt. Sie spielt unbedeutende Rollen in Einaktern von Paul Scheerbart, aber der unerbittliche und gefürchtete Kritiker Alfred Kerr hat den richtigen Riecher. 1907 schon hebt er sie im Berliner Tageblatt hervor: »Man muß sich einen neuen Menschen merken: Claire Waldoff.« Doch vier Monate später macht das Figaro-Theater am Kurfürstendamm, in dem sie auftritt, Bankrott. Freunde vom Theater, Maler und Dichter aus dem »Café Größenwahn« helfen ihr über die Runden, sie revanchiert sich mit »Solo-Vorträgen«, aufgeschnappten Berliner Gassenhauern, die die Zuhörer begeistern: Claire Waldoff, die kleine Provinzschauspielerin, entpuppt sich als urwüchsiges Chansontalent. Den Berliner Dialekt und Tonfall hat sie sich inzwischen längst angeeignet. Eine kleine Rolle im Neuen Schauspielhaus, ein Satz nur, in schnoddrigem Backfisch-Jargon hingeworfen, bringt ihr Abend für Abend Applaus auf offener Bühne ein – und den Neid der bekannteren Kollegen. Die »kleene Kröte« wird entlassen. Aber entmutigen läßt sie sich nicht.
Noch am selben Abend setzt sie sich in den Omnibus und fährt zur Potsdamer Straße, zum renommierten Kabarett »Roland von Berlin«, um sich beim Direktor, Paul Schneider-Duncker, vorzustellen. Der ist von ihrem Auftreten so beeindruckt, daß er sie gleich für eine ganze Saison engagiert. Das Ereignis wird im Freundeskreis gehörig begossen, aber drei Tage vor der Premiere kommt die Ernüchterung: ihr ganzes Repertoire, angeblich antimilitaristische Chansons von Paul Scheerbart, wird von der Zensur gestrichen. Mit der vaterländischen Euphorie der Regierung und auch der Bevölkerung in dieser auf den Ersten Weltkrieg zutreibenden Zeit läßt sich nicht spaßen – eine Erfahrung, die sie

in ihrer pragmatischen Art zur Kenntnis nimmt, ohne zu kapitulieren.

Nach drei Tagen und drei Nächten intensivster Probenarbeit mit dem jungen, damals noch unbekannten Pianisten und Chanson-Komponisten Walter Kollo »steht« das Programm am Premierenabend. Sie singt das politisch harmlose, von der Zensur nicht anfechtbare Lied vom »Schmackeduzchen«. Niemand weiß, was ein Schmackeduzchen ist, aber die kleine Rote aus Gelsenkirchen singt so keß und so komisch, daß die Beifallsstürme und da-capo-Rufe nicht enden wollen. Der Direktor, der sie Tage zuvor noch zu entlassen drohte, läßt nun in Windeseile neue Plakate drucken: »Claire Waldoff, der Stern von Berlin«. Die Stadt hat ihren neuen Chanson-Star.

Nicht nur dessen leicht heisere, forsche Stimme begeistert das Publikum, sondern auch das ungewohnte Auftreten: keine großen, pathetischen Bewegungen, nur sparsamste Mimik, ein Hochziehen der Augenbraue, ein kurzes Zurückwerfen des Kopfes. Dem Temperament muß nicht mit äußeren Mitteln nachgeholfen werden. Und noch etwas steigert Claire Waldoffs Erfolg: Sie singt für alle Berliner, quer durch die sozialen Schichten. In Berlins teuerstem Kabarett, dem »Chat noir« an der Friedrichstraße, tritt sie vor »gehobenem« Publikum auf, im »Linden-Cabaret«, dem populären Unterhaltungslokal, gelingt ihr der Durchbruch auch zur Arbeiterschicht. Ob in der Scala, im Wintergarten oder im Großen Schauspielhaus: sie ist schon eine feste Berliner Institution, ihre Lieder mit den eingängigen, frechen Refrains werden in der Straßenbahn nachgeträllert.

Ganz Berlinerin ist sie auch im Privatleben, mit einer »Laube« am Bahnhof Schmargendorf, direkt neben der Gasanstalt, wo sie ihr eigenes Gemüse zieht und von den Nachbarn Pflanzregeln und die politische Weltlage erklärt bekommt. Hier hört sie Volkes Stimme, während sich in ihrer Wohnung, die sie mit der Baronesse Olga von Roeder, genannt Olly, teilt, die Boheme trifft, Ringelnatz darunter, der mitmacht bei einem »Großen Bahnhof« für die Königin von Dänemark, eine verkleidete Kollegin, die

Portiers und einen Hoteldirektor in höchste Aufregung versetzt.
Das locker unbeschwerte Künstlerleben, die Auftritte im Kabarett, in der Operette und in den gerade sich groß entfaltenden Revuen, das ist die eine Seite der Claire Waldoff, das soziale Gewissen, das Gespür für die Alltagsnöte des kleinen Mannes die andere. Ihre Herkunft aus dem Bergarbeitermilieu, Erinnerung an Grubenkatastrophen, schmale Lohntüten und Kinderarbeit sind nicht vergessen. Mit dem fast blinden Brettl-Dichter Endrikat verbindet sie eine kumpelhafte »Kohlenpott«-Freundschaft, Kurt Tucholsky ist fasziniert von ihr, der Maler Emil Orlik verehrt sie, Kokoschka zeichnet die 32jährige mit ernstem, verschlossenem Gesicht – Titelblatt auf Herwarth Waldens Zeitschrift »Sturm« im Dezember 1916.
Am stärksten fühlt sie sich Heinrich Zille verwandt, mit dem sie lebenslang befreundet bleibt: »Er war herrlichstes Berlin, trotzdem er Sachse war. Berlin war seine Wahlheimat, wie ja auch die meine. Wir waren wohl extra für diese Stadt geschaffen worden.« Zille, mit Schlapphut und großer Malmappe unter dem Arm, holte sie regelmäßig nachts gegen zwei aus dem Kabarett ab, und sie begleitete ihn nachmittags, wenn er in den Hinterhöfen seine »Milljöh-Skizzen« machte. Nach seinem Tod singt sie für ihn das »Lied vom Vater Zille«:

> Das ist dein Milljöh
> Das ist dein Milljöh
> Jede Kneipe und Destille
> kennt den guten Vater Zille ...

Schon vorher, 1928, zu Zilles 70. Geburtstag, hatte sie ihren Erfolgsschlager »Hermann heest er« ihm zu Ehren umgeschrieben in »Heinrich heest er«. Jenen Schlager aus dem Linden-Cabaret des Jahres 1913, der dann später im Tausendjährigen Reich – der Name Hermann war auf einmal sehr aktuell – verboten wurde.
Obwohl ihr Ariernachweis bis zum Urgroßvater in Ordnung ist,

verbietet ihr Goebbels Film- und Funkauftritte, die damals neuen und zugkräftigen Medien bleiben ihr versperrt, Kollegen rücken von ihr ab, Kabarett-Direktoren schließen keine Verträge mehr mit ihr ab. So beschließt sie, ihr eigener Manager zu werden. Einschüchtern läßt sie sich nicht, auch nicht von einer Horde Hitler-Jugend, die in den Saal stürmt und im Sprechchor ruft: »Deutsche Männer und Frauen, wollt ihr das hören?« – »Natürlich wollen die das hören, deswegen sind sie ja hergekommen«, antwortet sie trocken.
Zwar bleibt ihr Erfolgsschlager »Hermann heest er« verboten, aber er kursiert weiter, wird vom Volksmund um neue Strophen ergänzt:

>Rechts Lametta, links Lametta,
>Un der Bauch wird imma fetta,
>Un in Preußen ist er Meester.
>Hermann heest er.

Kein Wunder, daß Goebbels protestiert, als ihr 1936 noch ein großer Auftritt in der Scala gelingt. Es ist ihr letzter im Reich. Sie resigniert, ganz gegen ihr Naturell, zieht sich in ein kleines Häuschen nach Bayrisch-Gmain zurück kurz vor Ausbruch des Zweiten Weltkriegs. Berlin war nicht mehr ihr Berlin, die meisten Freunde im Exil, Ringelnatz tot, Kokoschka und Käthe Kollwitz als entartet gebrandmarkt. Ihr Berliner Heim mit all ihrer persönlichen Habe fällt im November 1944 einem Bombenangriff zum Opfer.
Nach dem Krieg steht sie wieder auf der Bühne, nicht mehr so keß, nicht mehr so unbeschwert fröhlich, aber doch mit einem unverwüstlichen Grundoptimismus: »Die Leute wollen lachen, sie wollen ein bißchen Wärme fühlen ...« Berlin sieht sie erst 1950 wieder, und dieses Wiedersehen wühlt sie auf: die Anhänglichkeit der alten Berliner, aber auch die Trümmer, die Grabesstille im alten Westen. Von Gefühlen überwältigt singt sie nun nicht mehr wie früher »Schnauze vorneweg, doch das Herz am

Fleck«, sondern mit einem Anflug von Sentimentalität und Trotz in der brüchigen Stimme »Alles kommt im Leben einmal wieder« nach eigener Melodie, den Text hat ihr Alfons Hayduk geschrieben. Im Refrain heißt es:

> Berlin, Berlin, dich muß ich ewig lieben,
> Berlin, Berlin, du bist mein schönster Reim.
> Ist mir auch nix auf Erden sonst geblieben,
> Du bist mein Lied, nach dir, da zieht's mich heim.

Sie stirbt nicht in Berlin, sondern in Bayern – mit 73 an einem Schlaganfall – aber sie überlebt als Berlinerin. In ihren 1953 erschienenen Erinnerungen »Weeste noch ...!« und vor allem mit ihren Schlagern, Couplets, Bänkel- und Volksliedern auf den alten Schellack-Platten. Weder die Rillenkratzer noch die krächzende Grammophonnadel können der hinreißenden Stimme mit dem rauhen Timbre etwas anhaben: unverkennbar die Waldoff.

Bürgermeisterin in Blockadetagen

Louise Schroeder
(1887–1957)

»Es ist sicherlich kein Zufall
und scheint mir von symbolischer Bedeutung,
daß in diesen schweren ersten Nachkriegsjahren
gerade eine Frau die Geschicke Berlins leitete.
Denn der Leistung der Frauen von Berlin,
die ja hier zahlenmäßig so stark überwiegen wie in keiner
andern deutschen Stadt, ist es in überragendem Maß
zu danken, daß Berlin diese Zeiten ertragen
und überwinden konnte.«
Otto Suhr, Regierender Bürgermeister von Berlin 1955-1957

Zeit der Trümmerfrauen. Zeit der Blockade. Louise Schroeder an der Spitze dieser ausgebluteten, aber überlebenswilligen Stadt: 1946 wird sie Bürgermeisterin in Berlin, im Mai 1947 ernennt sie die Alliierte Kommandantur zum Stellvertretenden Oberbürgermeister. Der von der Stadtverordnetenversammlung gewählte Oberbürgermeister Prof. Ernst Reuter wird von den Sowjets nicht akzeptiert und kann deshalb sein Amt nicht antreten, so muß seine Stellvertreterin für ihn die Regierungsgeschäfte führen – keine leichte Aufgabe in den turbulenten Jahren 1947 und 1948. Die sowjetische Besatzungsmacht, verärgert über die schlechten Wahlergebnisse der Kommunisten in Berlin, sperrt am 24. Juni 1948 – wenige Tage nach der Währungsreform – alle Land- und Wasserwege nach Westberlin. Die totale Blockade der Westsektoren beginnt, und Louise Schroeder steht plötzlich im Rampenlicht der Weltöffentlichkeit.
Wer sich gefragt hat, ob diese nicht sehr kräftig wirkende Frau einer solchen Belastung gewachsen sei, wird bald zur Kenntnis nehmen, wie beherzt und besonnen sie auftritt. Nicht zuletzt ihr ist es zu verdanken, daß in dem eingekesselten Berlin keine Panik ausbricht. Fast ein Jahr lang halten die Sowjets die Blockade aufrecht, um die Westmächte zur Aufgabe Berlins zu zwingen. Ihre Rechnung geht nicht auf. Weder die Alliierten noch die Berliner Bevölkerung sind bereit, die Stadt ganz der sowjetischen Besatzungsmacht und dem Einfluß der kommunistischen

Partei zu überlassen. Zu enttäuschend und ernüchternd sind die Erfahrungen, die die demokratischen Parteien bis dahin mit den kommunistischen Vertretern im Magistrat gemacht haben.
Am Tag des Blockadebeginns stürmen die Kommunisten das Stadthaus und besetzen den Stadtverordnetensaal. Louise Schroeder tritt den randalierenden Demonstranten entschlossen entgegen, fordert sie auf, die Arbeit der demokratisch gewählten Volksvertreter nicht zu behindern. Es sind Zerreißproben, die die Kräfte der amtierenden Bürgermeisterin immer mehr aufzehren. Nicht die Zivilcourage fehlt ihr, sondern einfach die Robustheit, der Körper rebelliert gegen die ständigen Überforderungen der letzten Jahre. Bei Kriegsende wog sie 84 Pfund, sie hatte nichts zuzusetzen, als die politische Arbeit wieder begann, aber sie stellte sich sofort zur Verfügung, wurde noch 1945 in den Vorstand der Berliner Sozialdemokratischen Partei gewählt und 1946 in die Berliner Stadtverordnetenversammlung. Sie räumte nicht nur symbolisch politische Trümmer weg, sondern legte auch selbst Hand an bei den Aufräumarbeiten.
Als 1945 die Stadt in Schutt und Asche lag, Industrie und Infrastruktur zusammengebrochen, viele Männer gefallen, verschollen oder in Gefangenschaft, gingen die Frauen daran, die Trümmerberge abzutragen und die Straßen und Häuser wieder freizulegen. Täglich acht Stunden Schwerstarbeit im Akkord, weil es dafür die höchsten Lebensmittelrationen gab und man eine Familie irgendwo in einem feuchten Kellerloch oder einer ausgebrannten Ruine zu versorgen hatte. Die meisten dieser ausgemergelten Frauen hätten sich noch wenige Jahre früher so ein Tagewerk nicht vorstellen können. Nach der Arbeit Schlangestehen, Kampf um ein paar Kartoffeln, Hamstern, Tauschgeschäfte, Schwarzmarkt, Kohlenklauen von Güterwagen, immer am Rande der Legalität. Abends bei primitivstem Licht Kleider und Schuhe zusammenflicken, Frostbeulen behandeln, Überleben planen. In den Parks wird Gemüse angebaut, die Kinder finden ab und zu nicht entschärfte Handgranaten beim Spielen. Die Berliner Illustrierte gibt im Juni 1946 Tips, wie man Holzasche

als Seifenersatz herstellt, und Erich Kästner schreibt im Winter
1946, die Trümmerfrauen vor Augen:

> Wir haben Sehnsucht nach Glück und nach Seide.
> Der Krieg ist vorbei und noch immer nicht aus.
> Die Tränen, die sind unser letztes Geschmeide.
> Der Hunger schiebt Wache vor unserem Haus ...

Die Lebensverhältnisse bessern sich erst nach Aufhebung der Blockade im Mai 1949 allmählich. Fast ein Jahr lang waren die Westsektoren über eine Luftbrücke mit allem Notwendigen versorgt worden, vom Margarinebecher bis zu fertigen Fabrikanlagen. An die 8000 Tonnen flogen die »Rosinenbomber« täglich ein, eine organisatorische Glanzleistung der Alliierten. Als die Sowjets die Blockade endlich aufgaben und im Schöneberger Rathaus die Freiheitsglocke hochgezogen wurde, war Louise Schroeder 62 Jahre alt. Für sie beginnt nun, auch wenn sie bis 1951 Stellvertretender Oberbürgermeister neben Ernst Reuter bleibt, ein neuer Lebensabschnitt. Sie vertritt ihre Stadt nach außen: 1948 wird sie in der Frankfurter Paulskirche zur Präsidentin des Deutschen Städtetages gewählt. Ein Jahr später zieht sie als Vertreterin Berlins in den Deutschen Bundestag ein. Bis zum Jahre 1957 ist sie deutsche Delegierte des Europarates in Straßburg. Man schätzt ihre Zuverlässigkeit, ihre Abgewogenheit und den Blick für das Notwendige und Machbare ebenso wie ihre Vermittlerrolle bei Meinungsverschiedenheiten und ihre Kontaktbereitschaft über Parteigrenzen hinweg. Sie war keine glänzende Rednerin und Formuliererin, aber man glaubte ihr, was sie sagte, und das schaffte mehr politisches Vertrauen als die geschliffenste Rhetorik es vermocht hätte. Das Thema, das sie – neben sozialen Fragestellungen – am stärksten beschäftigte, hieß Berlin. Die Stadt, die sie liebte und an deren Gespaltenheit sie litt: »Meine Kraft gehört Berlin in einem ungeteilten Deutschland!« Dieses ungeteilte Deutschland war ihre Zukunftshoffnung, die sich wie ein roter Faden durch ihre Bundestagsreden zieht:

30. September 1949, 11. Sitzung: »Für uns ist der Einheitsstaat Deutschland der demokratische Staat. Um ihn mit Ihnen zu schaffen, sind wir zu Ihnen nach Bonn gekommen. Lassen Sie uns dabei zusammenarbeiten. Dann retten Sie Berlin und retten Sie Deutschland!«
8. Februar 1950, 35. Sitzung: »Berlin will aus eigener Kraft sein Schicksal meistern ... Niemand wünscht sich das mehr als wir Berliner, damit wir endlich davon befreit werden, immer wieder um Hilfe bitten zu müssen.«
14. Juni 1951, 152. Sitzung: »Wenn es heute, sechs Jahre nach Beendigung des Krieges, noch möglich ist, daß aus einem Teil Deutschlands täglich Menschen fliehen müssen, aus Angst um ihr Leben, um ihre Freiheit, um ihre Gesundheit, dann ist das ein Zeichen für die Schwere der Kriegsfolgen, die wir heute zu tragen haben, wie es schlimmer überhaupt nicht gedacht werden kann ... Dieses Problem ist kein Berliner Problem, ist kein deutsches Problem, sondern ein europäisches und ein internationales Problem.«
Für ihre Verdienste um Berlin, ihren Einsatz in Blockadetagen, wurde Louise Schroeder 1952 mit dem Großen Verdienstkreuz ausgezeichnet. Der Rektor der Freien Universität überreichte ihr die Ehrenbürgerurkunde seiner Hochschule.
Ein Erlebnis aber berührte sie besonders: Ihr Empfang als Repräsentantin Berlins im Festsaal des Hamburger Rathauses. Sie kennt das Gebäude. Fünfzig Jahre zuvor hatte sie ihrem Vater, der als Bauarbeiter hier arbeitete, jeden Mittag das Essen in einem Henkeltopf gebracht. Weder er noch ihre Mutter, die einen kleinen Gemüseladen in Altona führte, hätten sich diesen Aufstieg ihrer jüngsten Tochter träumen lassen, obwohl Louise ein aufgewecktes Kind war, das sich seine eigenen Gedanken machte. An eine Höhere Schule allerdings dachte niemand. Mit 16 aus der Gewerbeschule entlassen, mußte sich Louise den weiteren Lebensunterhalt selbst verdienen. Als Bürokraft in einem Versicherungshaus bewährt sie sich, so daß sie rasch zur Privatsekretärin aufsteigt. Auch in der Sozialdemokratischen Partei dient sie

sich zielstrebig hoch, vom Ortsverein Altona bis in die Nationalversammlung und den Reichstag. Sie ist Mitbegründerin der Arbeiterwohlfahrt und als Dozentin für Sozialpolitik politischer Umtriebe hinreichend verdächtig, als die Nationalsozialisten 1933 an die Macht kommen. Schikanen, Hausdurchsuchungen, Arbeitslosigkeit. Sie macht einen kleinen Brotladen auf, um sich über Wasser zu halten, aber das Geschäft läuft schlecht: die Genossen haben Angst, bei ihr die Brötchen zu kaufen.
Bis 1938 hält sie durch ohne Hitlergruß, dann muß sie sich nach Berlin absetzen. Als Sozialbetreuerin kommt sie bei einer großen Baufirma, Gottlieb Tesch & Co, unter. Die Arbeit befriedigt sie, da sie, besonders während des Krieges, vielen Arbeiterfamilien helfen kann. Dann beginnen die Bombenangriffe. Zweimal wird ihre Wohnung in der Schwedter Straße verwüstet, im Januar 1944 das Haus der Wilmersdorfer Freunde, bei denen sie wohnt. Schließlich wird sie, krank und schwach, von Freunden in Friedenau aufgenommen. Aber sie kommt auch hier nicht zur Ruhe. Als eine Granate das Haus trifft, muß sie unter den Trümmern geborgen werden. Ihre Gesundheit ist ruiniert, ihr Wille, am Wiederaufbau dieser Stadt mitzuarbeiten, nicht. 1946 beruft sie sich in einer Arbeit »Die Frau und der Sozialismus« nicht nur auf August Bebel, sondern auch auf den Philosophen Fichte:

> Handeln sollst Du so, als hinge
> Von Dir und Deinem Tun allein
> Das Schicksal ab der deutschen Dinge,
> Und die Verantwortung wär' Dein.

Sie hat nach dieser Maxime gehandelt.
1951 nannten bei der Umfrage eines Frankfurter Instituts nach Frauen im deutschen öffentlichen Leben 66% der Befragten – ohne Beteiligung Berlins – an erster Stelle Louise Schroeder. Wie wäre eine Umfrage im Jahre 1987, dem 100. Geburts- und 30. Todesjahr der Berliner Bürgermeisterin, die der Berliner Volksmund respektvoll »Königin Louise« nannte, ausgefallen?

Mutter Courage im zerstörten Berlin

Helene Weigel
(1900-1971)

Das Theater des neuen Zeitalters
Ward eröffnet, als auf die Bühne
Des zerstörten Berlin
Der Planwagen der Courage rollte.
Bert Brecht

Eine denkwürdige Aufführung an jenem 11. Januar des Jahres 1949 im Deutschen Theater: Bert Brechts »Mutter Courage und ihre Kinder«. Ein Stück aus dem Dreißigjährigen Krieg, aus einem verwüsteten Land, gespielt in einer verwüsteten Stadt. Die Berliner kommen mit hungrigem Magen und staubigen Schuhen zur Premiere – Schutt liegt noch auf den Straßen und man geht zu Fuß. Jeder kann sich ohne Mühe identifizieren mit der grauen, zerlumpten Mutter Courage, die ihren Planwagen über die öde Bühne zieht, vornübergebeugt, entkräftet, allein. Der Krieg hat ihr nicht nur all ihre Habe genommen, sondern auch die drei Kinder. Und doch läßt sie sich weiter mittreiben im Troß der Soldaten und Landsknechte, wer weiß wohin. Sie lebt vom Krieg, die Erschütterungen haben sie nicht verändert, sie hat nichts dazugelernt. Brechts Warnung – er schrieb das Stück kurz vor Ausbruch des Zweiten Weltkrieges – kam zu spät. Nun ist der Krieg vorbei, und die Zuschauer im ungeheizten Theater leiden mit der geschundenen Courage, der die Weigel einen Zug von Menschlichkeit, sogar von Weisheit gibt, niemand glaubt, daß sich das Erlebte jemals wiederholen könnte. Hier setzt Brecht mit seinen Lehrstücken, setzt die Weigel mit ihrer überzeugenden Ausdruckskraft an. »Aber den Unbelehrbaren zeige/ Mit kleiner Hoffnung/Dein gutes Gesicht«, schreibt Brecht. Er will mit seinem neuen epischen Theater das Bewußtsein der Zuschauer verändern, Erkenntnisprozesse in Gang bringen; Helene Weigel verkörpert den von ihm geforderten, von der »Sache« getragenen Schauspielertyp.
Die beiden haben sich bei der Bühnenarbeit kennengelernt. Brecht traute der gebürtigen Wienerin, die Leopold Jessner 1922 von Frankfurt nach Berlin geholt hat, nicht auf Anhieb das

Gewicht für all die Rollen zu, die sie später unter seiner Regie spielte. Dabei hatte sie sich als Charakterdarstellerin schon in klassischen und modernen Stücken bewährt, hatte unter Fehling, Pallenberg und Schweikart gespielt, an der Seite von Heinrich George, Albert Bassermann, Fritz Kortner und Matthias Wieman. Brecht selber war ein schwieriger und extravaganter Mensch, als Regisseur für die Weigel, die sich nicht gern in fertige Rollen stellen ließ, aber genau der richtige Lehrmeister. Er hatte die Fähigkeit, mit den Schauspielern gemeinsam nach einer Lösung zu suchen, und er verhalf jedem zu seinen eigenen Stärken. Helene Weigel entwickelte sich unter seiner behutsamen Führung zu einer großen Darstellerin von Mutterrollen, die, immer kontrolliert und mit nüchterner Genauigkeit, alle Register ihres Temperamentes ziehen konnte.

Für Brecht gab es keine Trennung zwischen Arbeit und Privatleben, aus Sachgesprächen entspannen sich persönliche Beziehungen, diese wiederum regten ihn zu Rollengestaltungen an. Er brauchte einen Kreis von Mitarbeitern und besonders Mitarbeiterinnen um sich, mit dem er seine Ideen entwickelte. Er verbrauchte Menschen, nicht nur die Schriftstellerin Marieluise Fleißer fühlte sich von ihm ausgebeutet, aber er förderte auch; Elisabeth Hauptmann, Ruth Berlau, Margarete Steffin wurden seine ständigen Zuarbeiterinnen. Helene Weigel war sich darüber klar, was sie erwartete, als sie Brecht 1929 heiratete. Ihre Toleranz machte ein Leben in fruchtbaren Arbeitszusammenhängen möglich, Brecht wußte das zu schätzen, sie war ein verläßlicher Partner, ein Kumpel, ohne daß sich ihr Stolz in Unterwürfigkeit verwandelt hätte. Das fein abgestimmte Zusammenspiel der beiden zeigte sich vor allem beim Auf- und Ausbau des Berliner Ensembles, jener Theatertruppe, die sich 1949 in Ostberlin zusammenfand, auch zu gemeinsamer politischer Arbeit und Agitation, Picassos Friedenstaube auf dem Bühnenvorhang.

Da sich Helene Weigels Organisationstalent und Finanzgeschick in den Emigrationsjahren bewährt hatten, wurde sie Intendantin des neuen Ensembles, und die Leiter der übrigen

Bühnen, vorab Walter Felsenstein von der Komischen Oper, lächelten etwas süffisant über die neue Kollegin. Wie sollte eine Frau diesem schwierigen und nervenaufreibenden Posten gewachsen sein? – Die Prinzipalin machte sich ohne große Worte ans Werk, krempelte, wie zwei Jahrhunderte zuvor die Neuberin, die Ärmel hoch, besorgte Räume, schleppte Möbel herbei (»nicht absolut erstklassiges Barock«), organisierte Medikamente, Pässe, Schuhe in Übergröße, richtete eine Kantine ein und ein offenes Büro, in dem niemand antichambrieren mußte wie sie damals als junge Schauspielerin. Ihr Büro war eher ein Wohnzimmer, wie sich Gisela May erinnert, mit einem massiven runden Holztisch, an dem sie saß, umgeben von Telefon und tausend Zetteln und Briefen, vom Bild ihrer vier Enkel, von Kinderzeichnungen und Handpuppen, und von der Lampe baumelte ein Kranz aus Strohblumen. Die Besucher fanden's gemütlich oder unmöglich, wie sich an ihrer Person immer die Meinungen polarisierten.

Brecht charakterisiert sie mit dem scharfen Blick des Theatermannes: »Sie ist von kleinem Wuchs, ebenmäßig und kräftig. Ihr Kopf ist groß und wohlgeformt. Ihr Gesicht schmal, weich, mit hoher, etwas gehobener Stirn und kräftigen Lippen. Ihre Stimme ist voll und dunkel und auch in der Schärfe und im Schrei angenehm. Ihre Bewegungen sind bestimmt und weich. Wie ist ihr Charakter: Sie ist gutartig, schroff, mutig und zuverlässig. Sie ist unbeliebt.« Diese letzte Aussage, ungeschönt ehrlich, kann der Preis ihrer herausgehobenen Stellung sein. Eine Prinzipalin, auch in einem sozialistischen Kollektiv, muß anordnen, verbieten, kann sich nicht hinter dem Rücken anderer verstecken, ihre Entscheidungen fordern Kritik heraus, schaffen Zufriedene und Unzufriedene. Helene Weigels Ansprüche an sich selbst und an andere waren hoch. Guter Schauspieler zu sein, genügte nicht, es mußte auch die Gesinnung stimmen, der politische Einsatzwille über das Rollenengagement hinaus. Alle Inszenierungen wurden auch am gesellschaftlichen Lehrwert gemessen. Dabei versuchte sie immer wieder das, was sie humanistische Gesinnung nannte, von der Theorie, von der Bühne in die Praxis zu holen: »Ich glaube nicht, daß der Humanismus etwas anderes ist, als daß man Leuten hilft, und zwar nicht ›den Menschen‹, sondern Leuten.« – Sie hat das mit Brecht gemeinsam aufgebaute Berliner Ensemble über zwanzig Jahre in diesem Sinne geleitet, von 1954 an im eigenen Haus, dem renovierten Theater am Schiffbauerdamm. Über Brechts Tod im Jahre 1956 hinaus hat sie die Kontinuität seiner Ideen, seiner Theatertheorie, die er in Modellbüchern festgehalten hat, gewahrt. Der Beruf des Intendanten ist bis heute eine der ganz wenigen männlichen Domänen. Helene Weigel hat in ihrer unkonventionellen aber bestimmten und bestimmenden Art gezeigt, daß auch eine Frau fähig ist, ein modernes Theater zu leiten.

Dabei ließ sie es sich nicht nehmen, von Zeit zu Zeit selbst auf der Bühne zu stehen, ohne daß sie sich mit populären und gefälligen Rollen die Gunst des Publikums erspielt hätte. Sie reizte der Widerstand einer Bühnenfigur, sie spielte gern gegen den Strich, »hart, sprachlich klar und eindringlich, niemals einer billigen Tendenz, einer Holzhammer-Wirkung hingegeben«, wie der Kritiker Herbert Ihering feststellte. Die Weigel war eine konzentrierte Arbeiterin, aber sie konnte sich auch genauso konzentriert entspannen, beim Pilzesammeln, beim Patiencelegen, beim Kreuzworträtseln oder bei einem Kriminalroman. In ihrer Wohnung in der Chausseestraße 125, heute Brecht-Weigel-Museum, hat sie von Trödelmärkten und aus Antiquitätengeschäften zusammengetragen, wovon sie nicht lassen konnte: altes Küchengerät, Zinn- und Kupferkannen, Tonkrüge, Meißner Zwiebelmuster. Borde und Schränke stehen voll davon. Ihre Sammlung alter Kochbücher hat sie tatsächlich benutzt, sie war eine passionierte Hausfrau und schämte sich dessen nicht.

In den fünfzehn Jahren des Exils, erst in Skandinavien, dann in Amerika, war geschicktes Haushalten Überlebenshilfe. Marta Feuchtwanger berichtet in ihren Erinnerungen, ihr habe oft das Herz wehgetan, wenn sie »dieses Genie ungenützt sah«, beim Schrubben, Nähen, Tapezieren und Kochen. Helene Weigel hat diese Arbeiten nie als Fron empfunden, zumal an eine Schauspielerkarriere im fremdsprachigen Ausland nicht zu denken war. Selbst in der Rolle der stummen Kattrin, Tochter der »Mutter Courage«, die Brecht in der Emigration für sie geschrieben hat, gibt es auf keiner Bühne Verwendung für sie.

Bei ihrer Rückkehr nach Deutschland ist sie 48 und für viele Rollen, die sie gern gespielt hätte, schon zu alt. Dafür gelingen ihr jetzt Charakterstudien von subtiler Genauigkeit. Wie souverän sie die Gouverneurin im »Kaukasischen Kreidekreis« gestaltet und die Parteinahme des Zuschauers erzwingt. Wie herausfordernd hart ihre Teresa Carrar im Stück »Die Gewehre der Frau Carrar«. Wie gütig und zugleich haßerfüllt die Pelagea Wlassowa in Brechts Bearbeitung von Gorkis »Mutter«. 1932 hatte sie die Rolle zum erstenmal in Berlin gespielt, und es war im Frühjahr 1971 ihre letzte. Ein Gastspiel mit ihrem Berliner Ensemble in Pariser Vorstädten vor Arbeitern, ihrem liebsten Publikum. Sie war schon sehr krank, und sie wußte es, brachte in den letzten Wochen »ihre Sach« noch in Ordnung und starb am 6. Mai 1971 in der Charité, wenige Tage vor ihrem 71. Geburtstag.

Ihre selbstgezogenen Blumen im Wintergarten, ihre Rabatten vor dem Haus hält nun Frau Schmidt in Ordnung, seit Jahrzehnten dienstbarer Geist im Haus Brecht-Weigel. Von den Fenstern des ersten Stockwerks, den Arbeitsräumen Brechts, geht der Blick hinüber zum Dorotheenstädter Friedhof, auf dem beide begraben liegen. Ein hoch aufragender Findling für Bertolt Brecht, ein breit hingelagerter, niedriger für Helene Weigel. Die Freunde und die Weggefährten im Exil auch im Tod nahbei, in den umliegenden Grabreihen: Anna Seghers, Heinrich Mann, Johannes R. Becher, Arnold Zweig. Ein paar Häuser weiter, Chausseestraße 131, wohnte Wolf Biermann bis zu seiner Ausbürgerung. Tochter Barbara Schall-Brecht, verheiratet mit dem jetzigen Intendanten des Berliner Ensembles, lebt ebenfalls in der Nachbarschaft. Sie verwaltet heute die Brecht-Weigel-Gedenkstätten, die nicht museale Besichtigungsobjekte, sondern Arbeitsstätten sein sollen; ein Brecht- und ein Weigelarchiv

sind angegliedert, im Vorderhaus, Front zur Chausseestraße, ein Buchladen.
Draußen in Buckow, eine Autostunde von Berlin entfernt, in der Märkischen Schweiz, liegt ein weiteres Museum, Sommersitz und Refugium der Brechts.
Die Eiserne Villa mit dem geräumigen Eß- und Gästeraum und davon etwas abgesetzt, direkt am Seeufer, das Gartenhaus, in dem Brecht wohnte. »Ich habe versucht, unter allen Lebensumständen das Notwendige beizubehalten. Es war nötig, daß Brecht ein Zimmer hatte, in dem er ungestört arbeiten konnte, und das mußte ziemlich groß sein, denn er lief gern bei der Arbeit«, schreibt Helene Weigel. Nicht »Ein Zimmer für sich allein« wie bei Virginia Woolf, sondern eines für den Meister. Von den zwei Zimmern im skandinavischen Exil bekam Brecht das eine, die beiden Kinder das andere, sie selbst schlief in der Küche.
Im Buckow gab es endlich Platz für beide, und auch für die Freunde. Sie hegte ihre Blumen, und Brecht arbeitete an den »Buckower Elegien«:

> Am See, tief zwischen Tann und Silberpappel
> Beschirmt von Mauer und Gesträuch ein Garten
> So weise angelegt mit monatlichen Blumen
> Daß er vom März bis zum Oktober blüht.

Im ehemaligen Bootsschuppen, Brechts Garage, steht der legendäre Planwagen der Courage, mit dem die Weigel 1949 Theatergeschichte machte. Schulklassen pilgern daran vorbei. Für sie ist die Nachkriegszeit schon eine entrückte historische Epoche. Ob sie noch etwas ahnen von der Kraft dieser Frau, die den Wagen durch das verwüstete Land zog?
Die Weigel: Bert Brecht und die Freunde nannten sie Helli, offiziell hieß sie Frau Professor Weigel. In der Straßenbahn konnte es vorkommen, daß sich die Leute anstießen: Da sitzt die Mutter Courage.

Auf den Spuren Bettines

Ingeborg Drewitz
(1923-1986)

> ... und ich lernte mich wiedererkennen in
> Bettine von Arnims doppelter, dreifacher Identität.
>
> ... meine drei Leben in eines fügen ... ob mir mein
> Leben die Zeit und Kraft noch gönnt, weiß ich nicht
> *Ingeborg Drewitz, Ich über mich*

Sie hatte die Zeit und Kraft nicht mehr, alles in eins zu fügen. Am 26. November 1986 mittags um zwölf die Nachricht im Rundfunk: Ingeborg Drewitz heute morgen in Berlin gestorben. Ihre leise, eindringliche Stimme fehlt nun im Kräftespiel der literarischen und kulturpolitischen Instanzen. Sie entschied nicht nach Richtlinien und Richtungen, sondern immer für den Menschen. Ähnlich hatte 150 Jahre früher eine andere Berlinerin gehandelt: Bettina von Arnim. Die Spurensuche nach dieser Frau wurde für Ingeborg Drewitz gleichzeitig eine Suche nach der eigenen Identität.

Das Wiedererkennen in Bettine ist beglückend und beängstigend zugleich. Sie wird Zeuge eines Lebens, das sich – mutig und tapfer geführt – in Mitleiden und auch in Geschäftigkeit verausgabt. Sie sieht die Parallelen. Nicht so sehr zur jungen Bettine, der koboldhaft quirligen Kindfrau, von der Wilhelm von Humboldt sagt: »so viel Geist und so viel Narretei ist unerhört«; das Schwärmerisch-Überschwengliche dem Bruder Clemens (Brentano) gegenüber, die kultische Vergötterung Goethes, diese Züge liegen Ingeborg Drewitz fern. Gemeinsam ist beiden die Empfindsamkeit, der unersättliche Wissensdurst, die lebhafte Neugier und Aneignung alles Neuen, ohne es immer verarbeiten zu können.

Das zweite Leben der Bettine ist nachvollziehbarer, wenn auch nicht der Grad der Selbstzurücknahme: die kargen, pflichtenreichen Jahre an der Seite des alltagsfremden Achim von Arnim auf Gut Wiepersdorf und in Berlin. Sieben Kinder, das knappe Haushaltsgeld durch Butterverkauf aufgebessert, klagloses Aufgehen in der Familie, zwei Jahrzehnte lang bis zu Achims Tod. –

Auch Ingeborg Drewitz kennt die kleinen zermürbenden Tagesgeschäfte des Haushalts und die großen Familiensorgen, und nebenher läuft bei ihr noch der Beruf – das Schreiben, »gegen alle Vernunft und ökonomischen Bedingungen an«. Ein Jahr nach der Promotion, 1946, heiratet sie in die harte Berliner Nachkriegs-Notgemeinschaft hinein. Die Familiendaten verbinden sich mit politischen Krisen: »Blockade Berlins kurz nach der Geburt des ersten, Korea-Krieg nach der Geburt des zweiten und Chruschtschow-Ultimatum für Berlin nach der Geburt des letzten Kindes.«

Sie schreibt Stücke für eine Theatertruppe in den Stunden, wo die Kinder schlafen. Mit dem Drama »Alle Tore waren bewacht« greift sie als eine der ersten das heikle Thema Konzentrationslager auf. Sie legt Wunden bloß, fragt, fühlt sich schuldig. Auch später nimmt sie die Verarbeitung der Vergangenheit immer wieder in ihr Werk hinein, wie im Essay über den 1943 in Plötzensee hingerichteten Widerstandskämpfer Adam Kuckhoff.

Dieses Sich-Verantwortlichfühlen für andere weit über den Rahmen der Familie hinaus prägt sich immer stärker aus, und das ist der Punkt, wo sich die Spuren der Bettine von Arnim mit denen der Ingeborg Drewitz treffen und gemeinsam weiterlaufen, im Schreiben, im Leben. Bettine fühlt sich nach dem Tod ihres Mannes – sie ist 46 – von der Last der Verantwortung nicht erdrückt, sondern herausgefordert: die Kinder noch unversorgt, das Werk des verstorbenen Dichters soll herausgebracht werden, eigene Schreibpläne reifen. Ihre soziale Aktivität ist beeindruckend, ob bei der Choleraepidemie 1831 oder bei Hausbesuchen in den Armenvierteln Berlins, im »Vogtland«; ob im Einsatz für Strafgefangene oder politisch Verfemte wie die Brüder Grimm, deren Berufung nach Berlin sie bewirkte. Sie schreibt Briefe und Petitionen und Bücher. Eines widmet sie, listig die Zensur umgehend, Friedrich Wilhelm IV.: »Dies Buch gehört dem König« – eine flammende soziale Anklage. Ihre Berliner Wohnung Unter den Linden 21 wird Treffpunkt konspirativer Geister, und unversehens gerät die Sozialutopistin immer tiefer in die reale Politik. Man wirft ihr vor, mit ihrer Untersuchung über das schlesische Weberelend den Aufruhr geschürt zu haben, man hält sie für eine »Communistin«.

Die Parallelen liegen auf der Hand. Auch Ingeborg Drewitz – sie ist ebenfalls 46, als sie über die Bettine schreibt – setzt sich Unverständnis und Mißtrauen aus mit ihren Kontakten zu Strafgefangenen (»Mit Sätzen Mauern eindrücken«, »Schatten im Kalk«) und den Gesprächen mit Hausbesetzern und »Ausgeflippten« in Kreuzberg. Auch ihre Bücher sind, literarisch verdichtet, soziale Anklagen, und die formale Gestaltung hat sich dem Inhalt unterzuordnen. – »Wer verteidigt Katrin Lambert?«, das unangepaßte Leben einer Sozialfürsorgerin, das im Grunewaldsee endet: Einbruch auf der dünnen Eisdecke. Oder der letzte Roman: »Eingeschlossen«, den sie ihr Leben lang schreiben wollte und den sie wenige Monate vor ihrem Tod vorgelegt hat, das große Thema der Verbindung zweier Prinzipien und Figuren, Prometheus und Jesus: »Der Antrieb und die Neugier des Menschen, in den Weltraum hinaus und in das Innere der Erde und des Atoms hineinzudrängen. Und der Antrieb zum Gewaltverzicht, zur Nächstenliebe, zur Verantwortung für den andern, also letztendlich die Eingrenzung dieser großen Freiheit, die aus dem Prometheus-Antrieb hin zum Übermut führt.« P. und J. gehen am Ende ihren Weg gemeinsam weiter. »Sie versöhnen sich, und das umreißt so eine Art Hoffnung, die ich in der Tat immer noch habe«, sagt die Autorin in einem Interview.

Ohne diese Hoffnung hätte sie nicht immer wieder so spontan auf Menschen zugehen können, sie für eine Sache gewinnen und in feste Bezüge einbinden. Sie tat dies als Vorsitzende des Schutzverbandes deutscher Schriftsteller in Berlin, als Mitbegründerin und langjährige stellvertretende Bundesvorsitzende des Verbandes Deutscher Schriftsteller, als Vizepräsidentin des Pen-Clubs. Sie führte keinen literarischen Salon wie Bettina von Arnim, trotzdem liefen bei ihr wichtige Fäden zusammen, wenn es darum ging, alternden und in Not geratenen Schriftstellern zu helfen, Berufsorganisationen von künstlerisch tätigen Frauen, wie die

Gedok, zu stützen, der Neuen Gesellschaft für Literatur in Berlin Starthilfe zu geben. Nie spielte sie dabei die eigene Person in den Vordergrund, nie machte sie große Worte und Gesten. Sie arbeitete flink und effektiv, war freundlich und doch bestimmt; so organisierte sie auch Kongresse, Ausstellungen und literarische Veranstaltungen. Ihre Stärke war nicht die Rede vom Podium herab, sondern das Gespräch im kleineren Kreis, die Diskussion mit Andersdenkenden, deren Meinung sie respektierte. Sie stand für eine Sache überzeugend, doch ohne jeden missionarischen Eifer ein. Und was vor allem beeindruckte: sie nahm sich Zeit für ihre Gesprächspartner, auch wenn dringende Terminarbeiten warteten.

Die Preise, die ihr verliehen wurden, verraten schon in den Namen, daß es dabei nicht ausschließlich um literarische Auszeichnungen, sondern auch um die Würdigung einer menschlichen Haltung geht: Wolfgang Borchert, Jochen Klepper, Ernst Reuter, Georg Mackensen, Ida Dehmel, Carl von Ossietzky, Gerrit Engelke. Ihr Einsatz für die Belange der Schriftsteller und für eine kulturpolitische Entspannung zwischen Ost und West wurde 1973 mit dem Bundesverdienstkreuz gewürdigt.

»Entspannung« – wie viel war ihr an diesem Wort gelegen. Sie war mit jeder Faser Berlinerin, sie hatte in dieser Stadt den Krieg erlebt, die Nachkriegs- und Aufbaujahre, die bescheidene Hoffnung auf »Normalisierung« und dann die Mauer quer durch den Stadtkern und die menschlichen Beziehungen. Fast alle ihrer Bücher lassen sich auf dem Stadtplan lokalisieren, fast alle sind festgemacht an objektiven Daten. Es geht um Schicksale hinter Aktendeckeln und Hochhausfassaden, um Kleinbürger und Außenseiter, um bürokratisch verwaltetes Elend. »Du zweifelst längst nicht mehr, daß du mit der Stadt zu tun hast und die Stadt mit dir«, heißt es in den autobiographischen Notizen aus einem Familienalbum »Hinterm Fenster die Stadt« (1985). Und im Roman »Oktoberlicht« (1969): »Hoffnungsverlust, Glaubensverlust, Ich-Verlust ... daran war vielleicht auch diese ... verdammte Stadt, die zerbrochen wurde, schuld.«

Aber sie liebt diese zerbrochene Stadt. Das Rot der Kiefern an Sommerabenden im Grunewald und im Tegeler Forst, die Spreeufer und die wilde Kamille auf den Müllplätzen, die flinke Eleganz der Menschen und den trockenen Witz der Omnibusschaffner. In dem Bändchen »Die Samtvorhänge« (1978) trägt sie die Mosaiksteinchen zusammen, die sich zu ihrem Berlinbild fügen. Und sie holt bei ihrem Gang durch die Stadt die Menschen zum Zwiegespräch aus der Vergangenheit heran: »Hier hat Moses Mendelssohn gewohnt, hier Lessing, E. T. A. Hoffmann, Chamisso, Kleist, die Rahel, die Humboldts, die Arnims, hier hat der junge Marx bei Hegel gehört, hier haben Kautsky und die Zetkin zusammengesessen, dort im Café Größenwahn schrieb die Lasker-Schüler ihre Märchengrüße, und am Pariser Platz in Liebermanns Atelier war das trockenste Berlinisch zu hören. Nicht weit vom Alex schrieb Döblin nachts, wenn er die Praxis geschlossen hatte, und auf dem kleinen dreieckigen Platz im Bezirk Prenzlauer Berg haben die Kollwitzschen Söhne gespielt, und dort oben war das kahle Arbeitszimmer von Brecht und hier im Flur ist George Grosz kurz nach der Rückkehr aus der Emigration zusammengebrochen ...«
Keine Mauer trennt die Begegnungen. Um so schmerzlicher trifft sie die Realität – rückblickend festgehalten im Roman »Gestern war Heute« (1979): »Und immer noch Fluchtversuche durch die Kanäle, die Hafenbecken, den Stacheldraht, über die schnell errichtete Mauer. Die Kanalisation unter der Stadt wird zugemauert, die Telefonverbindungen gekappt.« Und der bohrende Vorwurf der Tochter Renate, der Aussteigerin: »Ihr seid in die Freiheit hineingeschlüpft wie in ein gut sitzendes Paar Schuhe, mit dem man bequem Schritt halten kann.«
Berlin als ständiger Unruheherd, in »Eis auf der Elbe« (1982): »In den Frühnachrichten wird gemeldet, daß die Krawalle am Kurfürstendamm und in Kreuzberg, die gestern nachmittag begannen (Polizei gegen Instandbesetzer, Instandbesetzer gegen Polizei), sich während der Nacht zugespitzt haben. (Die Angst, daß Almuth und Matthias dabei sind!)« – Zeitzeugnisse.

In »Schrittweise Erkundung der Welt« (1982) schließlich das schmerzliche Fazit: »Deutschland, das Deutsche Reich gibt es nicht mehr, nicht einmal mehr im Straßenatlas. Und es gibt keinen Grund, darüber zu trauern, denn die Lust am Stechschritt (Unter den Linden) und die Lust am Recht-Haben (wo überall?) sind ja geblieben. Berlin, das einmal Reichshauptstadt hieß und heute (zur Hälfte) Hauptstadt heißt, ist das absurde Relikt der deutschen Geschichte, den Bewohnern noch immer nicht ganz geheuer, während die Staatsoberhäupter, Architekten und Museumsdirektoren wetteifern, aus der einen Stadt zwei Städte zu machen, und die Dekorationen der Schaufenster am Kurfürstendamm und Unter den Linden, in Steglitz und am Alex einander auszustechen suchen.«

Wunde Berlin. Varnhagen von Ense notierte fast eineinhalb Jahrhunderte zuvor über Bettina von Arnim: »Ein glücklicherer Ort als Berlin konnte für Bettina nicht gefunden werden.« – Ein glücklicher Ort auch für Ingeborg Drewitz? Alt-Moabit, wo sie als Tochter eines Ingenieurs und einer Pianistin 1923 geboren wurde, Oberschöneweide und Friedenau, wo sie zur Schule ging, oder der Quermatenweg, ihr Wohnsitz bis zuletzt? – Im Fragebogen eines Wochenmagazins gibt sie auf die Frage, wo sie leben möchte, an: Zuweilen in West-Berlin, zuweilen in New York überm Hudson. – Das erstaunt weniger als ihre Antwort auf die Frage: Was möchten Sie sein? – Eine Wolke über dem Ozean, schreibt sie, und sie wünscht sich die Gabe, so schwerelos wie manchmal im Traum die Szenen zu wechseln. Und den Tod möchte sie »leise müde geworden« erwarten. – Ihr Wunsch nach Leichtigkeit, Schweben und leisem Müdewerden ging nicht in Erfüllung. Sie hatte einen wochenlangen schweren Tod.

Vielleicht werden auf ihrem Grab blaue Glockenblumen wachsen wie auf dem Grab Bettines in Wiepersdorf.

Der geteilte Himmel

Christa Wolf
(1929)

Den Himmel wenigstens können sie nicht zerteilen ...
Den Himmel? Dieses ganze Gewölbe von
Hoffnung und Sehnsucht, von Liebe und Trauer?
Christa Wolf, Der geteilte Himmel

Schauplatz Berlin. Westberlin, kurz vor dem 13. August 1961.
Eine Fahrt mit der S-Bahn von einem Teil der Stadt zum andern
ist noch möglich, die Mauer hat den Menschen Entscheidungen
noch nicht abgenommen. Entscheidungen über Karriere und
Existenz, menschliche Bindungen und Trennung. Der Diplomchemiker Manfred H., beruflich enttäuscht von den Entfaltungsmöglichkeiten im Sozialismus, hat seine Entscheidung getroffen,
hat sich in den Westen abgesetzt. Seine Freundin Rita, Studentin
und Arbeiterin in einer Waggonfabrik, besucht ihn in Westberlin. Sie liebt ihn, möchte ihn nicht verlieren, aber sie fühlt sich auf
dieser Seite der Stadt »auf schreckliche Weise in der Fremde«. Sie
spürt, daß sie hier nicht leben kann. Schmerzlicher Abschied
unter wolkenverhangenem Abendhimmel, und in die Stille die
spöttische Stimme Manfreds: »Den Himmel wenigstens können
sie uns nicht zerteilen.« – »Doch«, antwortet sie leise, »der Himmel teilt sich zuallererst.« – Das Bahnhofsgewühl erspart ihnen
weitere Bekenntnisse. »Sie muß dann wohl durch die Sperre und
die Treppe hinaufgegangen sein. Sie muß mit einer Bahn gefahren sein, die sie zum richtigen Bahnhof brachte.« – Zum richtigen Bahnhof. Ankunft im Sozialismus, Rückkehr zum Vertrauten im Roman »Der geteilte Himmel« – und in der Wirklichkeit?
Christa Wolf ist nie eine einfache Parteigängerin gewesen. Sozialistin, ja, aber mit hohen menschlichen und moralischen Ansprüchen, die sie im »real existierenden Sozialismus« nicht immer verwirklicht sieht. Auch im Roman gibt es keine glatte, ohne Rest
aufgehende Lösung. Eine beinahe tödliche Krise der Hauptfigur
Rita ist der Preis für die vollzogene Trennung. Nicht ein strahlender sozialistischer Held steht im Mittelpunkt, sondern eine
sich mühselig zum richtigen Ziel durchringende Genossin –
aber immerhin: die Richtung stimmt. Der Roman, in der DDR

1963 herausgekommen, bringt der Autorin einen Nationalpreis ein und die Aufnahme in die Kandidatenliste des Zentralkomitees der SED. Ein Jahr darauf wird »Der geteilte Himmel« von Konrad Wolf erfolgreich verfilmt, und eine Westausgabe des Buches erscheint. Damit ist der weitere Weg Christa Wolfs zur gesamtdeutschen Schriftstellerin vorgezeichnet.

Was sie zu sagen hat, interessiert die Menschen in Ost und West. Glaubhaft und nachvollziehbar, wie sie den Konflikt einer jungen Frau zwischen Selbstentfaltung und den Ansprüchen der sozialistischen Gesellschaft schildert im Roman »Nachdenken über Christa T.« (1968 in der DDR, 1969 in der Bundesrepublik erschienen). Hier wird kein Ziel mehr erreicht, am Ende steht Ratlosigkeit, Scheitern. Ähnlich in der Erzählung »Kein Ort. Nirgends« (1979), einem fiktiven Zwiegespräch zwischen dem 27jährigen Heinrich von Kleist und der drei Jahre jüngeren Dichterin Karoline von Günderode, die sich in ihrer Einsamkeit geistig verwandt fühlen und beide nicht leben können in dieser Welt: »Unlebbares Leben. Kein Ort, nirgends.« – Eine geradezu ketzerische Aussage in einem Staat, der den Menschen ideologische Heimat geben will, auch wenn es sich um historische Figuren handelt. Sie wolle sich der gegenwärtigen Probleme aus dem geschichtlichen Abstand versichern, sagt Christa Wolf in einer Diskussion, und man spürt, wie diese Schriftstellerin sich immer wieder bis an die Grenzen des möglichen Spielraums vorwagt.

Sie handhabt dabei die verschiedensten Stilmittel, um ein Geschehen zu verdeutlichen oder umgekehrt, bewußt in der Schwebe zu lassen. Ihre 1974 erschienenen drei »unwahrscheinlichen Geschichten« sind zwar an einem bestimmten Ort festgemacht, an der geschichtsträchtigsten Straße Berlins, und sie heißen auch »Unter den Linden«, aber die berühmte Straße dient nur als Kulisse für einen geträumten Spaziergang, den sie dem Geliebten schildert: »Unter den Linden bin ich immer gerne gegangen. Am liebsten, du weißt es, allein. Neulich, nachdem ich sie lange gemieden hatte, ist mir die Straße im Traum erschienen.« – Der Traum, in den sie sich einspinnt und in dem sie sich wiederfindet, ist der Traum von einer menschlicheren, aufrichtigeren Gesellschaft. Als Motto nimmt sie ein Wort Rahel Varnhagens auf, in dem davon die Rede ist, daß »jeder in dem gekränkt werde, was ihm das Empfindlichste...« Die Bilanz dieses Spaziergangs Unter den Linden ist gleichzeitig – verschleiert und verschlüsselt hinter den Traumbildern – die Bilanz ihrer Generation, vereinnahmt von einem Sozialismus, der die Menschheit weiterbringen will und dabei dem einzelnen Menschen – so die nur angedeutete Befürchtung – den Lebensraum beschneidet.

Wie wichtig Freiräume gerade für Schriftsteller sind, weiß sie selbst am besten, wenn sie versucht, jüngeren Kollegen und vor allem Kolleginnen Entfaltungsmöglichkeiten zu verschaffen. Sie ist für viele Autorinnen ratende Freundin, Vertraute und Protektorin, die Briefwechsel mit Gerti Tetzner, Brigitte Reimann oder Maxie Wander geben davon Zeugnis. Sie hat damit eine Aufgabe übernommen, die in der Nachkriegszeit die aus dem Exil zurückgekehrte Anna Seghers versah. Christa Wolf fühlte sich allerdings nie der Partei oder dem Staat so unbedingt verpflichtet wie die 1983 verstorbene Altmeisterin. Im Band »Lesen und Schreiben« von 1972 berichtet sie von einem Besuch bei der verehrten Schriftstellerin: »Sie zaubert. Bezaubert«, schreibt Christa Wolf bewundernd, aber es gelingt ihr nicht, diese Verzauberung an den Leser weiterzugeben. Das Gespräch mit der 70jährigen Lenin-Preisträgerin macht sich an Äußerlichkeiten, Erinnerungen, Arbeitsweisen fest. Die fast dreißig Jahre Jüngere registriert »Geborgenheit«, obwohl da auch vom zweifelnden, mißtrauischen Blick die Rede ist und von einem spanischen Vers, den Anna Seghers zitiert: Pistolen, die man immer bei sich tragen müsse, um gegebenenfalls aus vier Läufen schießen zu können...

Darf man das Gespräch weiterspinnen? Sich vorstellen, daß da auch gesprochen wurde über die Kritik der Partei an Robert Havemann oder Stefan Heym auf dem 11. Plenum des Zentralkomitees, über die zerstörten Hoffnungen des Prager Frühlings nach dem Einmarsch der Truppen des Warschauer Paktes, über die Maßregelungen nicht systemkonformer Schriftsteller wie Sarah Kirsch auf dem Ostberliner Schriftstellerkongreß 1969? – Es liegt nicht fern, hinter den immer gefaßten Gesichtszügen Christa Wolfs doch Gewissenskonflikte zu vermuten: Dankbarkeit der Gönnerin gegenüber, aber auch Beklemmung über die starr gehandhabte Parteidoktrin. – Die Vermutungen ließen sich fortsetzen: Was sagte Anna Seghers dazu, daß sich Christa Wolf mit ihrer Unterschrift 1976 gegen die Ausbürgerung Wolf Biermanns und anderer mißliebiger Schriftsteller aus der DDR ausgesprochen hat? Wurde Christa Wolf selbst nur deswegen geschont, weil ihre mächtige Mentorin es so anordnete, oder war sie einfach schon zu berühmt, um sie öffentlich maßregeln zu können? – Christa Wolf hat es nach wiederholten Versuchen aufgegeben, tiefer in das Leben und Denken der Schriftstellerin Anna Seghers einzudringen: »Manches steht ihm entgegen. Auch natürlich immer noch Ehrfurcht, auch natürlich die Scheu vor der Berührung jener Tabus zwischen Menschen, an die man nicht rühren soll.« – Es sollte auch der Schriftstellerin Christa Wolf zugebilligt werden, daß sie nicht alle ihre Gedanken und Meinungen öffentlich macht.

Die äußeren Fakten ihres Lebens sind rasch erzählt und nicht von besonderer Dramatik: Kindheit im heute polnischen Landsberg an der Warthe, 1945 Umsiedlung nach Mecklenburg. Abitur in Bad Frankenhausen, Germanistikstudium in Jena und Leipzig, 1953 Diplom bei Professor Hans Mayer, Mitarbeiterin im Deutschen Schriftstellerverband, Lektorin, Redakteurin, Arbeit in Betrieben getreu der Bitterfelder Losung, Heirat mit dem Schriftstellerkollegen Gerhard Wolf, zwei Töchter. – Auf die Frage, ob sie sich als Berlinerin fühlt, zögert sie mit der Antwort. Berlinerin? – Sie ist 1963 nach Berlin gezogen, nach Kleinmachnow, sie lebt seither in dieser Stadt, heute mitten im Zentrum, in der Friedrichstraße. Ihr Alltag ist Berliner Alltag, ihre Briefe tragen Berliner Absender – ist sie deshalb Berlinerin? Läßt sie sich überhaupt irgendwo verorten? – Ist es Zufall, daß eins ihrer Bücher »Kein Ort. Nirgends« heißt und von Kleist handelt, der in Berlin lebte und sich hier am Wannsee das Leben nahm? – Wie müßte eine Stadt, ein Land, die Welt beschaffen sein, damit die Bewohner sich darin geborgen fühlen? – Die Bedingungen, unter denen Menschen zu leben haben, heute, gestern, in der Zukunft – das ist eines der zentralen Themen Christa Wolfs. Nie sind ihre Bücher privater Natur, auch wenn sie nur von zwei Menschen und deren Nöten handeln, immer ist Gesellschaft mitgedacht. Im »Kindheitsmuster« die nationalsozialistische Prägung in einer östlichen Kleinstadt, im »Geteilten Himmel« und in »Nachdenken über Christa T.« der Alltag im Sozialismus, bei Kleist und der Günderode das Sich-Ausgrenzen aus den Salons der Romantik und bei Kassandra, der griechischen Seherin, die Warnungen und die Entwürfe in eine Zukunft hinein, die nicht von Kriegen und Machtstreben geprägt ist. »Es kommt darauf an, die Welt einer menschenwürdigen Moral und nicht die Moral der Menschen einer noch wenig menschenwürdigen Welt anzupassen.« – Ein Schlüsselsatz der moralischen Instanz Christa Wolf.

Eine »gesamtdeutsche Heiligenfigur« nannte Horst Krüger sie einmal, das mag mit einem leicht spöttischen Unterton gesagt sein, enthält aber eine nicht zu leugnende Beobachtung. Um ihre Person hat sich in Ost und West eine Gemeinde gebildet, besonders unter den weiblichen Lesern, die ihre Bücher als Botschaften verstehen und darin nach Lebensentwürfen suchen. Der Autorin bringt diese breite Anhängerschaft in beiden deutschen Staaten Vorteile, auch wenn ihr die Kanonisierung peinlich ist. Die höchsten Ehrungen hüben und drüben, Lesungen vor überfüllten Sälen, wo immer sie hinkommt, ungehinderter Grenzübertritt – ein Privileg, das längst nicht alle DDR-Schriftsteller genießen.

So konnte sie als Gastdozentin die schon zu einer literarischen Institution gewordenen Poetikvorlesungen an der Frankfurter Universität im Sommersemester 1982 halten. In den Jahren zuvor hatten Günter Kunert, Uwe Johnson, Adolf Muschg, Peter Rühmkorf und Martin Walser gelesen, jeder neben dem literarischen Anspruch auch auf Originalität bedacht. Christa Wolf legte, wissenschaftlich gegen den Strich gebürstet, einen Reise- und Werkstattbericht vor, die »Voraussetzungen einer Erzählung: Kassandra«. Ihre Auseinandersetzung mit der Figur der Seherin und Priesterin Kassandra, Tochter des Königs von Troja, ging einher mit der Veränderung des eigenen Sehrasters, weg von der »männlich« geprägten Geschichtsbetrachtung, von Höchstleistungen, Kämpfen, Siegen und Vernichtungen, hin zu einer mehr »weiblichen« Sicht, der Utopie einer Gegenwelt, in der nicht Heroismus zählt, sondern Solidarität.

Abends spät im dritten Programm die Fernsehübertragung der Poetik-Vorlesungen. Das große Auditorium dicht gefüllt mit Studenten und trotzdem atemlose Stille. Schwenk über die Bankreihen: junge Menschen, ernst und konzentriert, die den Weg der Kassandra und der Christa Wolf, diesen vielfach verschlungenen Weg, mitzugehen versuchen: »O daß sie nicht zu leben verstehn. Daß dies das wirkliche Unglück, die eigentliche tödliche Gefahr ist ...« – Christa Wolfs Kopf in Großaufnahme, das schwarze strenge Haar, die unbeweglichen, wie versteinerten Gesichtszüge, die ruhige, fast tonlose Stimme: Kassandra.

Die Seherin hält nicht nur schwarze Prophezeiungen bereit, es gibt auch »einen schmalen Streifen Zukunft«: die Figur des Anchises zum Beispiel, der »uns Jüngere lehrte, wie man mit beiden Beinen auf der Erde träumt«, oder Aineias, der, wie sonst eher die Frauen, für »Licht und Wärme« begabt ist. – Entspannung in den Gesichtern, da und dort ein Lächeln. Kameraschwenk zurück zu Christa Wolf vorn am Katheder. Großaufnahme ihrer Hände. »Schreiben ist auch ein Versuch gegen die Kälte.«

Schreiben auch als Versuch gegen die Kälte unter einem geteilten Himmel.

Literaturauswahl

Madame du Titre

Hermann Kügler: Madame du Titre, eine fröhliche Berlinerin aus Biedermeiertagen. Ein Beitrag zur Volkskunde von Berlin. Berlin 1937

Otto Pniower: Alt-Berliner Humor um 1830. Berlin 1919

Friedrich Tietz: Bunte Erinnerungen an frühere Persönlichkeiten, Begebenheiten und Theaterzustände aus Berlin und anderswoher. Berlin 1854

Rahel Varnhagen

Rahel Varnhagen: Gesammelte Werke. 10 Bände. Hrsg. v. K. Feilchenfeldt, U. Schweikert und R. E. Steiner. München 1983

Hannah Arendt: Rahel Varnhagen. Lebensgeschichte einer deutschen Jüdin aus der Romantik. München 1959

Henriette Herz: Berliner Salon. Erinnerungen und Portraits. Hrsg. v. Ulrich Janetzki. Frankf. a. M./Berlin/Wien 1984

Königin Luise

Königin Luise von Preußen. Briefe und Aufzeichnungen 1786–1810. Hrsg. v. Malve Gräfin Rothkirch, München 1985

Luise, Königin von Preußen: Briefwechsel mit ihrem Gemahl Friedrich Wilhelm III. 1793–1810. Hrsg. v. Karl Griewank, Leipzig 1929

Friedrich Wilhelm III. König von Preußen: Vom Leben und Sterben der Königin Luise. Eigenhändige Aufzeichnungen. Hrsg. v. Heinrich Otto Meisner, Berlin/Leipzig 1926

Dreyhaus Hermann: Die Königin Luise in der Dichtung ihrer Zeit. Berlin 1926

Fanny Mendelssohn

Sebastian Hensel: Die Familie Mendelssohn 1729–1847. 2 Bände. Leipzig 1929

Rudolf Elvers (Hrsg.): Fanny Cäcilia Hensel. Dokumente ihres Lebens. Ausstellungskatalog Staatsbibliothek Preußischer Kulturbesitz, Berlin 1972

Fanny Mendelssohn: Ein Portrait in Briefen. Hrsg. v. Eva Weissweiler. Frankf. a. M./Berlin/Wien 1985

Fanny Mendelssohn: Italienisches Tagebuch. Hrsg. v. Eva Weissweiler. Darmstadt/Neuwied 1985

Lina Morgenstern

Lina Morgenstern: Die Volksküchen. Berlin 1883

Helene Lange: Kampfzeiten, Band 2. Berlin 1928

Helene Lange/Gertrud Bäumer: Handbuch der Frauenbewegung, 2. Teil: Frauenbewegung und soziale Frauenthätigkeit in Deutschland. Berlin 1901

Hedwig Dohm

Hedwig Dohm/Hedda Korsch: Erinnerungen. Hrsg. v. Berta Rahm, Zürich 1980
Hedwig Dohm: Schicksale einer Seele. Roman. Berlin 1899
dies.: Die wissenschaftliche Emancipation der Frau. Berlin 1873/Zürich 1977
dies.: Die Antifeministen. Berlin 1902/Frankfurt 1976

Franziska Tiburtius

Franziska Tiburtius: Erinnerungen einer Achtzigjährigen. Berlin 1923
Die Frau. Monatsschrift für das gesamte Frauenleben unserer Zeit. Hrsg. v.
 Helene Lange. Jahrgänge 1893-1912

Helene Lange

Helene Lange: Lebenserinnerungen. Berlin 1921
dies: Kampfzeiten. 2 Bände. Berlin 1928
dies.: Was ich hier geliebt. Briefe. Hrsg. v. Emmy Beckmann. Tübingen 1957
Gertrud Bäumer: Frauen der Tat - Gestalt und Wandel. Tübingen 1959

Lily Braun

Lily Braun: Memoiren einer Sozialistin. 2 Bände. München 1909-1911. Neuauflage
 Bonn 1985
dies.: Die Frauenfrage: ihre geschichtliche Entwicklung und ihre wirtschaftliche
 Seite. Leipzig 1901
dies.: Die Frauen und die Politik. Berlin 1903

Käthe Kollwitz

Käthe Kollwitz: Tagebuchblätter und Briefe. Hrsg. v. Hans Kollwitz. Berlin 1948
dies.: Ich sah die Welt mit liebevollen Blicken. Ein Leben in Selbstzeugnissen.
 Hrsg. v. Hans Kollwitz. Hannover 1968
Lenka von Koerber: Erlebtes mit Käthe Kollwitz. Berlin (DDR) 1959

Alice Salomon

Alice Salomon: Charakter ist Schicksal. Lebenserinnerungen. Aus dem Englischen v. R. Landwehr. Weinheim 1983
dies.: Soziale Frauenbildung und Soziale Berufsarbeit. Leipzig/Berlin 1917
Alice Salomon, die Begründerin des sozialen Frauenberufes in Deutschland. Ihr
 Leben und ihr Werk. Hrsg. v. Hans Muthesius. Köln/Berlin 1958

Marie Elisabeth Lüders

Marie Elisabeth Lüders: Fürchte dich nicht. Persönliches und Politisches aus
 mehr als 80 Jahren, 1878-1962. Köln/Opladen 1963
dies.: Das unbekannte Heer. Frauen kämpfen für Deutschland 1914-1918. Berlin
 1936

Tilla Durieux

Tilla Durieux: Meine ersten neunzig Jahre. Erinnerungen. Berlin/München/ Wien 1971, Taschenbuch Hamburg 1976
dies.: Eine Tür fällt ins Schloß. Roman. Berlin 1928
dies.: Eine Tür steht offen. Memoiren. Berlin 1954

Claire Waldoff

Claire Waldoff: Weeste noch...! Düsseldorf/München 1953
Helga Bemmann: Wer schmeißt denn da mit Lehm? Berlin/DDR 1982
Klaus Budzinski: Pfeffer ins Getriebe. So ist und wurde das Kabarett. München 1982

Louise Schroeder

Louise Schroeder. Ein Frauenleben unserer Zeit. Köpfe der Zeit. Hrsg. v. A. Scholz u. W. Oschilewski. Berlin 1956
Louise Schroeder: Die Frau und der Sozialismus. Hamburg 1946.

Helene Weigel

Helene Weigel (Hrsg.): Theaterarbeit. 6 Aufführungen des Berliner Ensembles. Redaktion Ruth Berlau u. a. Dresden 1952
Helene Weigel zum 70. Geburtstag. Hrsg. v. Werner Hecht und Joachim Tenschert. Berlin/DDR 1970
Die Schauspielerin Helene Weigel. Texte von Bertolt Brecht. Berlin/DDR 1959

Ingeborg Drewitz

Bettine von Arnim: Dies Buch gehört dem König. Hrsg. v. Ilse Staff. Frankfurt a. M. 1982
Ingeborg Drewitz: Bettine von Arnim. Romantik – Revolution – Utopie. Düsseldorf/Köln 1969, Taschenbuch 1985
dies.: Gestern war Heute. Hundert Jahre Gegenwart. Düsseldorf 1978
dies.: Hinterm Fenster die Stadt. Aus einem Familienalbum. Düsseldorf 1985

Christa Wolf

Christa Wolf: Der geteilte Himmel. Erzählung. Halle 1963. Taschenbuch München 1973
dies.: Lesen und Schreiben. Aufsätze und Betrachtungen. Berlin/DDR 1971, Darmstadt 1973
dies.: Unter den Linden. Drei unwahrscheinliche Geschichten. Berlin/DDR und Darmstadt 1974
dies.: Kassandra. Und: Voraussetzungen einer Erzählung: Kassandra. Beide Darmstadt 1983